여자의
감정청소

여자의 감정청소

초판 1쇄 인쇄 _ 2025년 2월 5일
초판 1쇄 발행 _ 2025년 2월 10일

지은이 _ 한미옥

펴낸곳 _ 바이북스
펴낸이 _ 윤옥초
책임 편집 _ 김태윤
책임 디자인 _ 이민영
책임 영상 _ 고은찬

ISBN _979-11-5877-387-8 03180

등록 _ 2005. 7. 12 | 제 313-2005-000148호

서울시 영등포구 선유로49길 23 아이에스비즈타워2차 1005호
편집 02)333-0812 | 마케팅 02)333-9918 | 팩스 02)333-9960
이메일 bybooks85@gmail.com
블로그 https://blog.naver.com/bybooks85

미래를 함께 꿈꿀 작가님의 참신한 아이디어나 원고를 기다립니다.
이메일로 접수한 원고는 검토 후 연락드리겠습니다.

여자의
감정청소

한미옥 지음

엄마를 위한 감정코칭

바이북스
ByBooks

프롤로그

감정을 표현하는 것이
어려운 사람들에게

"엄마, 나는 어떤 딸이야?"

"지금까지 엄마 속 한 번 안 썩인 착한 딸이지 우리 미옥이같이 착한 딸이 어디 있어!"

'속 한 번 썩이지 않은 착한 딸'

나는 이 말이 참 싫다. 나는 결단코 착한 딸이 아니다. 할 일을 스스로 알아서 하는 사람이었을 뿐이다. 속 한 번 썩이지 않은 착한 딸이라는 말은 마치 달콤한 사탕 같다. 힘들어도 힘들다는 내색을 하면 안 되고 화를 내고 싶어도 낼 수 없게 만들기 때문이다. 결혼하고 지금까지 엄마에게 힘들다는 말을 한 번도 한 적이 없다. 친정에 한 번씩 갈 때마다 엄마는 결혼한 자식들 걱정하며 속상해하고 마음 아파하셨다. 그럴 때마다 '도대체 나이가 몇 살인데! 결혼을 했으면 힘든 일이 있어도 알아서 해결해야지, 나이 드신 엄마한테 전화해서 엄마를 걱정시키는 거야!'라며 언니 오빠들을 원망했다.

나도 힘든 시기가 있었다. 엄마에게 전화해서 '엄마 나 힘들어'라

4   여자의 감정청소

고 말하고 싶었지만, 차마 그 말을 입 밖으로 꺼내지 못했다. 엄마가 걱정하실까 봐, 창피해서 그리고 자존심이 허락하지 않아서 힘들어도 아무렇지 않은 척하며 살았다.

"나는 며느리 잘 못 들어와서 형제 간에 의 갈라지는 꼴은 못 본다."

결혼식을 이틀 앞두고 시어머니에게 불려가서 들은 말이다. 그 말을 듣는 순간 황당했고 어이가 없었고 억울했다. 어린 시절부터 어디를 가나 '강하다. 똑소리가 난다'라는 말을 자주 들었는데 이런 모습이 시어머니 눈에 거슬리고 신경이 쓰였던 모양이다. 결혼 전 시댁에서 환영받지 못했던 탓에 시어머니의 말씀에 아무런 말도 하지 못한 채 고개를 푹 숙이고 듣고만 있었다. 시어머니의 근엄한 표정과 차가운 말은 상처가 되어 어린 가슴에 콱 박혀버렸다.

그날 이후로 꽤 오랜 시간 시댁에 갈 때마다 식구들과 잘 어울리지 못하고 이방인처럼 지냈다. 결혼 후 남편은 내가 무슨 일을 하려고 할 때마다 "그냥 가만히 있어, 아무것도 하지 마"라며 움직이지 못하게 했다. 내 주장을 펼치는 것도, 하고 싶은 일이나 말이 있어도 꾹 참는 일이 많았고, 속상하거나 힘든 일이 생겨도 말하지 않는 습관이 생겼다. 어쩌다 남편에게 위로라도 받고 싶어서 어렵게 말을 꺼내면 위로는커녕 되레 질책당하는 일이 많았다.

억울하고 화가 났지만, 남편의 강한 말투와 표정 앞에 내 생각과 감정을 있는 그대로 표현하지 못하고 살았다. 그러다 보니 아무 생각 없이 그냥 툭툭 내뱉는 말에 상처를 받곤 했다. 사람은 저마다 각기 아픈 상처를 안고 살아간다. 치유되지 않은 상처는 자신뿐 아니라 주변 사람에게 자신도 모르게 상처를 주어 서로를 아프게 하기도 한다.

코칭 전문가로 10년 넘게 일하면서 다양한 분들을 코칭과 상담으로 만났다. 자녀를 키우면서 남편과 힘든 관계로 어려움을 호소하는 여성, 직장에서 겪는 여러 가지 어려움으로 자존감이 낮아진 사람들. 이해관계 속에 얽혀 관계하는 것을 힘들어하는 사람들. 이런 분들을 만나면서 발견한 공통점이 있다. 그것은 불편한 감정을 솔직하게 표현하지 못해서 불행하다고 여기거나 만족스럽지 못한 삶을 살고 있다는 것이다.

엄마, 딸, 아내, 며느리….

착한 딸로 살아온 나는 힘든 일이 있거나 억울한 일을 당할 때조차 말을 안 하고 감정을 억누르는 일이 많았고 온전한 나로 살지 못했다. 일이 제대로 풀리지 않거나 좋지 않은 일이 생기면 '내가 못나서, 내가 부족해서, 못 배워서, 돈을 못 벌어서….'라는 잘못된 생각으로 인해 나 자신을 돌보는 것을 잃어버리고 살았다. 그러다 보니 하루하루가 즐겁지 않았고 행복하지 않았다. '누구나 다 이러고 살아'라면서 위로 아닌 위로를 했다.'

결혼 후 외롭다는 생각을 자주 했다. 하지만 먹고 사느라 바빠서 차 한 잔 마시거나 전화 한 통 할 수 있는 친구를 사귀지 못했다. 집과 약국, 교회가 내 삶의 전부였다고 해도 과언이 아니다. 어려운 형편에 사채를 얻어 약국을 차린 상황에서 남편과 나는 명절 하루만 쉬고 쉼 없이 일했다. 정말 힘들 때도 많았지만 그런 이야기를 친정엄마나 언니, 그 누구에게도 말하지 못했다.

　사는 게 너무 힘들어서 죽고 싶은 마음이 들었을 때 우연히 코칭을 만났다. 학력에 대한 열등감이 심했던 나는 코칭을 배우면서 만학도로 열심히 공부했고 박사학위까지 받았다. 코칭과 상담을 공부하면서 나를 끈질기게 괴롭혔던 외로움의 실체를 알게 되었다. 하고 싶은 말을 하는 사람이 되었고 감정을 잘 표현하는 사람이 되었다. 그동안 자신을 억압하면서 힘들게 했던 부정적인 감정에서 해방될 수 있었다.

　인간은 누구나 감정을 느끼며 살아간다. 어떤 사람은 감정을 자연스럽게 표현하지만 어떤 사람은 감정 표현을 어려워한다. 어떤 방법으로든 자기감정을 표현하는 사람은 그나마 다행이라고 할 수 있다. 하지만 자기감정을 자의든 타의든 억압하며 사는 사람은 삶이 그다지 행복하지 않다. 그러면서 자신만 힘들게 산다고 생각한다. 그리고 내가 못나서라며 힘들게 사는 이유를 자신의 탓으로 돌리며 합리화한다.

　　　　　　　　　　　　　　　　　　　여자의 감정청소

이 책은 나의 이야기다. 그리고 나의 이웃의 이야기다. 우울, 자기 비하, 억울함에 치받혀 방 안에만 갇혀 있던 엄마, 자아를 잃어버린 한 여성의 이야기다. 더 나아가 내 옆에 있는 이웃의 이야기다. '왜 나만…'이라는 생각으로 불행한 시간을 보내고 있다면 이 글을 읽으면서 '나와 같은 사람이 많구나'라는 사실을 알고 위로받기를 바라는 마음을 담았다. 감정적 수렁에서 빠져나오는 방법들에 관해 사례 중심으로 도움이 되는 핵심적 이론을 뽑아서 담았다. 이 책이 행복한 삶을 방해하는 감정적 불편함을 만나고 치유되는 안내서가 되면 좋겠다.

차례

1부

감정은 온전히 나의 몫이다

2부

감정을 받아들이면 생기는 변화

5부

감정에 휘둘리지 않고 살아가기

1부

감정은
온전히
나의 몫이다

한밤중
3시간의 통곡

정말 힘들어 죽을 것 같아

밤 11시가 조금 넘은 시간. 아무런 일도 없었다. 갑자기 뜨거운 눈물이 흘러내렸다. 무슨 이유인지 눈물을 흘리는 나조차 알지 못했다. 참으려 하면 할수록 목이 메고 가슴은 답답했다. 걷잡을 수 없이 쏟아지는 눈물은 휴지 뭉치를 적시고 어린아이처럼 엉엉 소리를 내던 울음소리는 괴성으로 바뀌었다. 딱히 무슨 일이 있었던 것도 아니다. 갑작스러운 상황에 당황한 남편과 아이들이 와서 묻는다.

"여보, 왜 그래? 무슨 일 있어?"

"엄마, 왜 울어!"

"말 좀 해봐. 갑자기 왜 그래?"

하지만 말이 나오지 않았고 아무 생각도 나지 않았다. 나도 내가 왜 우는지 이유를 알지 못했다. 얼마나 울었을까?. 베개가 흥건하게 젖어 있었다. 새벽 2시가 다 되어서야 꺼이꺼이 거친 숨소리와 울음이 잦아들었고 마른 눈물을 삼키다 잠이 들었다. 그렇게 밤이 지났다. 아침 화장실 거울에 비친 내 모습은 통통 부은 두 눈 덕분에 초췌했지만, 마음은 한결 가벼워져 있었다.

'나 힘들어. 나 아픈 거 같아.'
'힘든 거 알아. 그런데 다들 그러고 살아.'
'알아. 그런데 나 정말 힘들어서 죽을 거 같아.'
'…'

언제부터인가 나는 마음이 하는 말에 대구하지 않았다. 대구하면 할수록 자신이 비참해질 뿐이었다. 시도 때도 없이 가슴이 먹먹해지면서 이유를 알 수 없는 눈물이 주르륵 흘러내렸다. 창피한 마음에 먼 산을 바라보며 눈물을 훔쳤다. 가슴을 주먹으로 치며 답답한 마음을 꾹꾹 눌렀다.

'뭐지? 갑자기 왜 그런 거야?'

거울에 비친 통통 부은 두 눈을 보며 거울 속에 있는 나에게 묻자 다시 눈물이 나왔다.

'미안해 그동안 너무 참고 살았나 봐. 그러니까 힘들다고 할 때 말 좀 들어주지, 그랬니? 남편이랑 애들이 많이 놀랐겠다.'

그동안 마음이 하는 말에 귀 기울이지 않았던 나 자신이 한심했다. 힘들면 힘들다고 말하지, 아니 말을 하지 않은 건 아니다. 아무도 내 말에 귀를 기울여 주지 않아서 입을 닫아버렸다. 죽고 싶을 만큼 힘들었던 순간조차도 힘들지 않은 척 참고 살아온 내가 바보처럼 느껴졌다.

마음아 어때?

나는 감정 코치이자 심리 코칭 전문가다. 학교에서 도움이 필요한 청소년들을 만나고 있다. 무기력증으로 학교생활이 힘든 아이, 수업시간에 잠만 자는 무기력한 아이, 진로를 정하지 못해 고민하는 아이, 친구 관계가 힘들어서 외톨이로 지내는 아이, 학교 폭력을 당한 아이, 폭력을 행사하는 아이들을 만나다 보니 그럴 수밖에 없었던 이유를 알 수 있었고 도무지 이해되지 않던 아이들의 행동이 이해되었다. 아이들 대부분은 부모와 말이 통하지 않아 대화가 단절되었거나, 친구관계에서 이런 저런 이유로 또래 관계에 어려움을 겪으면서 정서적으로 힘든 상태에 있었다. 하지만 내가 만난 아이들은 힘들고 아픈 마음을 돌보는 방법을 배운 적이 없어서 자기에게 관심을 가져달라는 마음을 잘못된 방법으로 표현하고 있었다.

아이들과 처음 만나면 가장 먼저 하는 질문이 있다. "지금 기분이 어때?" 그러면 아이들은 대체로 "잘 모르겠는데요.", "그냥 그래요."

하거나 반응이 없다. 내가 만났던 대다수 청소년은 자신의 감정에 대하여 '짜증 나, 열 받아'와 같은 단편적인 감정 단어를 사용하며, 대체로 부정적인 감정에 쌓여 있다. 잠시 숨고르기를 하고 아이들과 그동안 느꼈던 감정을 탐색하고 이야기를 나눈다.

"우리 잠깐 마음이 하는 소리를 들어보자. 마음에 한 번 물어볼까? 마음아, 잘 있니?"

"…"

"마음이 뭐라고 하는지 잘 들어봐. 그리고 '그랬구나… 힘들었겠다…'라고 말해주렴."

처음엔 마음과 대화하는 것을 낯설어하지만, 자신의 마음과 대화를 나누고 나면 얼굴 빛이 조금씩 밝아지면서 표정이 편안하게 바뀐 모습을 보게 된다. 아이들은 마음과의 대화를 통해 그동안 자신을 힘들게 했던 감정이 무엇인지 알게 되고 감정을 관리하는 방법을 배운다.

3시간의 통곡은 나를 건강하게 만들어주었다. 폭포수처럼 쏟아진 눈물은 살려달라는 아우성이었다. 주인이 돌봐주지 않으니까 참다 참다 스스로 뛰쳐나온 거다. 이렇게라도 뛰쳐나올 수 있었으니 얼마나 다행한 일인가? 뛰쳐나올 여력이라도 있었으니 말이다. 하지만 감정적으로 정말 힘든 사람은 이조차도 어렵다. 마음이 하는 소리를 지속해서 억누르거나 무시하게 되면 감정은 자신을 무가치한 사람으로 생각한다. 그리고 깊은 우울감 속에 자신의 존재를 가둬버린다.

나 역시 깊은 우울감에 시달렸었다. 3시간의 통곡은 나를 우울감에서 벗어나는 돌파구를 만들어 주었다. 그동안 힘들다고 나 좀 봐달라고 소리쳤던 마음소리를 무시하며 스스로 무가치한 사람으로 대했던 나에게 용서를 구했다.

　'어이구 바보. 왜 그랬어? 왜 이렇게 힘들게 놔둔 거야! 그동안 정말 힘들었겠다. 네 마음을 알아주지 못해서 정말 미안해'
라며 위로의 말을 건넸다. 그리고 그동안 많이 힘들었을 마음을 살며시 안아주었다.

　지나온 시간을 돌이켜 보니 나는 나로 살지 않았던 것 같다. 엄마, 아내, 며느리, 딸로 살았다. 마음이 힘들다고 할 때마다 '다 그러고 살아', '삶은 다 그런 거야', '복에 겨워서 그래', '너보다 힘든 사람이 얼마나 많은데 이까짓 거 가지고 투정이야'라는 말로 자신을 합리화했다. '나 힘들어'라고 마음이 말을 할 때마다 역할이 가져다준 생각을 정답이라고 여기며 살았다. 더는 쌓아둘 곳이 없어서 힘들었던 마음이 뜨거운 눈물이 되어 흘러내렸을 때 깨달았다. 힘들 때 자신을 위로하는 통념적인 생각이 자신을 더 힘들게 할 수 있다는 사실을…

　그 일이 있고 난 후 힘들다는 생각이 올라올 때마다 마음과 대화한다. '마음아 어때?'라고.

감정에도
호흡이 필요하다

가슴 졸이는 펜팔의 추억

정애 씨는 며칠째 숨을 쉴 때마다 심장이 아프다. 심장병이 있는 것도 아니다. 며칠 전 남편과 함께 애들에 관해 이야기를 나누다 약간의 말다툼이 있었고, 화가 난 남편의 표정이 무섭게 변하면서 크게 소리를 질렀다. 남편의 그런 태도에 아무런 대꾸도 하지 못하고 마치 고양이 앞에 생쥐처럼 그 자리에 얼어붙어 버렸다. 답답한 마음을 해소하려고 큰 숨을 쉬어 보지만, 숨이 잘 안 쉬어지고 가슴 아래쪽에 뻐근한 통증이 느껴졌다.

이런 일이 있을 때마다 정애 씨의 기억 저편에서 한 가지 사건이 떠오른다. 중학교 2학년 때의 일이다. 학교가 끝나기가 무섭게 가방을 들고 집으로 정신없이 달려가는 길, 어린 정애의 마음은 두근두근 콩닥콩닥 심장이 방망이질을 하고 있다.

'우체부 아저씨보다 내가 먼저 도착해야 하는데…. 아버지는 밭에서 오셨을까? 아 안돼. 제발 제발.'

아버지 몰래 군인 아저씨와 펜팔을 하고 있었는데 바로 오늘이 답장이 오는 날이다. 집에 도착하자마자 우편함으로 달려갔다. 아무것도 없다.

'휴~ 다행이다. 아직 우체부 아저씨가 아직 도착하지 않았나 보다.'

안심하고 뒤를 돌아다본 순간 소스라치게 놀라고 말았다. 손에 편지봉투를 든 아버지가 무서운 얼굴로 서 계셨다.

"야! 김정애. 너 이게 뭐야!"

"네???"

"대가리에 피도 안 마른 것이 이따위 짓을 하고 다녀. 네가 정신이 있는 애냐? 당장 집어치워. 한 번만 더 이런 짓을 했다간 당장 집에서 쫓겨날 줄 알아."

뭐라 변명할 겨를도 없이 아버지 손에 있던 편지는 갈기 갈기 찢어져서 아궁이 속으로 던져졌다. 화난 아버지의 목소리와 무서운 표정에 심장은 마구 뛰었고 옴짝달싹하지 못하고 한참 동안 그 자리에 서 있었다. 너무 무서워서 숨을 제대로 쉴 수가 없었다. 그 후로 이런 일이 있을 때마다 왼쪽 가슴 밑에 강한 통증이 느껴졌다.

감정은 숨쉬기와 같다

사람은 숨을 쉬면 살고 쉬지 않으면 죽는다. 숨은 노력하지 않아도 알아서 쉬어지지만, 가끔은 숨을 쉬기 위해 노력해야 할 때가 있다. 100m 달리기를 해본 경험이 있을 것이다. 쉬지 않고 전력 질주를 하고 나면 숨은 턱밑까지 차오른다. 만약 이런 상황에서 또다시 전력 질주를 하라면 처음과 같은 속도를 내기는 절대 쉽지 않다. 숨이 제대로 쉬어지지 않기 때문이다.

숨이 턱 막히고 심장이 조여오는 순간 달리기를 멈추고 호흡을 조절해야 한다. 한마디로 숨을 제대로 쉬기 위한 노력이 필요하다. 그렇지 않으면 속이 울렁거려서 메스껍고 심장이 터질 것 같은 통증을 느낀다.

감정도 이와 같다. 우리는 매 순간 다양한 감정을 느끼며 살아간다. 인간이 느끼는 보편적인 감정 7가지가 있다. 행복, 슬픔, 혐오, 분노, 경멸, 공포, 놀람이다. 감정과 표정에 관한 연구로 세계에서 가장 영향력 있는 인물인 미국의 심리학자 폴 에크먼Paul Ekman은 《표정의 심리학》에서 인간의 7가지 감정을 알 수 있는 '보편적인 표정'이 있다고 했다. 단 1초 만에 나타났다 사라지는 얼굴의 '미세표정'으로 감정을 알아차릴 수 있으며, 7가지 감정의 특징이 표정에 나타난다.

슬픔을 느낄 때 위쪽 눈꺼풀과 눈썹이 올라가고 눈썹 바깥쪽은 아래로 처지며, 아래 눈꺼풀은 위쪽으로 올라가고 미간에 주름이 생기며 입꼬리는 아래쪽으로 당겨진다. 놀람은 눈썹이 위로 올라가고 눈이 커지고 이마에는 주름이 생기고 입술이 약간 벌어진다. 공포는 눈썹을 치켜뜬 것처럼 올라가고 미간이 좁혀지며, 눈꺼풀과 입술이 경직된다. 분노는 미간에 주름이 잡히면서 눈썹이 올라가고 콧구멍은 벌렁거리고 입술에 힘이 들어간다. 혐오는 이마가 경직되어 굳어지고 눈썹은 아래고 처지며, 콧등에 주름이 생긴다. 경멸은 한쪽 눈썹이 올라가고 한쪽 입꼬리가 올라가며 비웃는 듯한 느낌을 준다. 마지막으로 행복은 얼굴에 긴장이 풀리며 자연스럽게 미소가 감돌면서 눈이 작아진다. 웃을 때는 눈가에 특유의 주름이 생긴다.

숨이 안 쉬어질 때면 자신의 감정을 노트에 적어보라

인간은 엄마 배 속에 있을 때부터 감정을 느낀다. 임신한 상태에서 엄마가 우울하면 태아도 우울감을 느끼고, 엄마가 공포를 느끼면 태아도 공포를 느껴 심장박동이 빨라진다는 연구 결과가 있다. 1980년대 등장한 태아 심리학에서는 태아를 육체적으로는 미숙하지만, 마음은 성숙한 존재로 보고 있다. 태아가 12주가 되면 감각기관은 아직 완성되지 않았지만, 맛을 알고 소리에 반응한다. 엄마가 임신했을 때 좋은 말, 좋은 생각, 예쁜 것을 보려고 하는 이유가 여기에 있다.

여자의 감정청소

정애 씨가 큰 소리에 유독 민감하게 반응하는 것은 엄마 배 속에 있을 때 겪었던 일 때문이다. 정애 씨 위로 7명의 아이를 둔 엄마는 정애 씨를 임신한 사실을 알았을 때 원치 않는 임신으로 인해 스트레스가 심해서 소리를 지르는 날이 많았고 아이를 낳지 않으려고 배에 충격을 가하기도 했다. 아이가 태어났을 때 아기를 윗목에 밀어놓고 아이가 배고파서 울면 "아이구 저 원수 같은 것이 울고 난리야"라며 큰 소리로 짜증을 내면서 마지못해 억지로 젖을 물렸다고 한다.

엄마 배 속에 있을 때부터 큰 소리에 민감하게 반응했던 정애 씨는 차갑게 굳은 표정으로 자신을 바라보는 아버지의 모습에 공포심마저 느꼈다. 감정을 느끼지 않고 사는 사람은 없다. 아무리 어린아이라도 마찬가지다. 젖을 먹으면서 바라본 엄마의 차갑고 무표정한 얼굴은 어린 정애 씨의 무의식에 박혔고 큰 소리를 내면서 인상이 쓰거나 무서운 표정을 하고 있는 사람을 보면 자기도 모르게 숨이 제대로 쉬어지지 않았다.

자신이 느낀 감정을 표현할 기회조차 허락되지 않은 상황에서 자란 정애 씨는 나와 만나면서 그때 느꼈던 감정을 조금씩 표현하기 시작했고 차츰 숨도 안정적으로 쉬게 되었다.

숨이 안 쉬어질 때마다 느껴지는 감정을 숨기지 않고 있는 그대로 노트에 적었다. 노트에 적힌 감정을 보면서 스스로 대견하다는 말을 해주었고 그런 자신을 인정하는 시간을 가졌다. 그러고 나면 숨을 쉬는 것이 한결 편해졌다.

사탕 하나에
숨겨진 욕구

사소한 것에도 상처받을 수 있다

코칭 모임 시간에 감정에 관한 이야기를 나누었다. 목사님이기도 한 코치 한 분이 자신의 사례를 들려주셨다. 새벽예배를 마치고 서둘러 서울에 있는 교인 심방을 갔다가 마치고 돌아오는 길이었다. 이른 새벽에 일어나서 쉬지도 못하고 왕복 6시간이 넘는 거리를 혼자 운전하다 보니 피곤함이 몰려왔다. 피곤하다고 말하면 교인들이 미안해할까 봐 고민 끝에 작은 목소리로 옆에 있는 아내에게 사탕 하나만 달라고 했다.

"갑자기 무슨 사탕을 먹는다고 그래요"라며 큰소리로 핀잔을 주는 것이 아닌가. 순간 민망하고 창피한 생각이 들어 "그냥 입이 좀 심심해서 그래"라고 하셨단다. 투정 부리는 어린애를 대하는 듯한 아내의 태도에 돌아오는 차 안에서 기분이 언짢았다.

'졸려서 잠 좀 깨려고 사탕 하나 달라고 했을 뿐인데 그렇게 큰 소리로 사람을 무안하게 해야 하나? 그것도 교인들 다 듣는 데서…' 생각할수록 자신의 마음을 몰라주는 아내에게 섭섭한 마음이 들었다.

집에 도착하자마자 "그냥 조용히 사탕 하나만 주면 될 걸 큰소리로 그렇게 이야기하면 내가 뭐가 돼?"라며 서운한 마음을 내비쳤다. "내가 뭐라고 했다고 그래요? 참 내 어이가 없네. 아무것도 아닌 걸 가지고…" 그 자리에 있다가는 언성이 높아질 거 같아서 서재로 돌아왔으나 불쾌한 마음은 쉽사리 가라앉지 않았다.

누구나 한 번쯤은 사소한 말 한마디에 마음이 상한 경험이 있을 것이다. 평상시 자주 듣는 말인데 어느 날은 그 말이 화를 불러일으킨다. 왜 그럴까? 늘 있는 일들이 어느 때는 마음을 뒤집어 놓는다. 심리학자 에이브러햄 매슬로Abraham Maslow 1908~1970는 1943년 인간이 가진 기본적인 욕구에 대한 욕구위계론을 발표했다. 매슬로가 말하는 욕구위계론은 생존의 욕구, 안전의 욕구, 소속 및 애정 욕구, 존중의 욕구, 자아실현의 욕구다.

생존의 욕구는 인간의 가장 기본적인 욕구로 음식, 옷, 주거와 같은 삶에 필수적인 것에 대한 욕구이다. 안전의 욕구는 생존의 욕구가 채워지고 나면 신체나 정서적인 위험으로부터 안전해지고자 하는 욕구이다. 코로나 19가 거의 사라졌지만, 여전히 마스크를 착용하는 것이 바로 안전욕구라고 할 수 있다. 소속 및 애정의 욕구는 어느 한 곳에 소속되어 살아가고자 하는 욕구로, 다른 사람들과의 관계 속에서 사랑받고 사랑하고 싶은 욕구를 말한다. 존중의 욕구는 다른 사람으로부터 인정받고 가치 있는 존재가 되고자 하는 욕구이다. 마지막으로 자아실현의 욕구는 욕구위계론의 마지막 단계에 해당하며, 스스로 자신을 발전시키고 성장시키고자 하는 욕구이다.

코치님은 졸음운전이라는 위험한 상황에서 벗어나기 위해 사탕을 먹고 잠을 깨야겠다는 욕구를 느끼고 아내에게 말했다. 그런데 아내가 그런 마음을 몰라주자 화가 나고 서운한 마음이 들었다. 교인들에게 인정받고 존경받는 목회자가 되고 싶었던 소망이 아내의 핀잔 섞인 말을 들으면서 자신의 욕구가 무시당했다는 생각이 들자 민망함, 창피함, 화라는 감정을 느꼈다.

상대방의 마음을 읽어주어야 한다

사람은 누구나 다양한 욕구를 지닌다. 욕구가 채워지지 않거나 무시당하면 짜증나거나 불편해와 같은 부정적인 감정을 느끼지만, 이를 대수롭지 않게 여긴다. 인정받고 싶고 잘하고 싶고 즐거움을 추구하는 것처럼 겉으로 드러나지 않을 뿐 누구에게나 이런 욕구가 있다. 욕구가 채워지지 않는 상황에서 어떻게 하면 소통을 잘할 수 있을까?

여자의 감정청소

자신의 욕구만 고집하면 원활한 소통은 어렵다. 방법은 상대방의 욕구, 즉 마음을 읽어주면 된다.

상대방이 겉으로 하는 말이나 행동만 보고 판단하고 소통하게 되면 불통이 될 가능성은 100%다. 가장 좋은 방법은 먼저 말하는 사람의 마음을 읽어주고 질문하는 것이다.

"새벽부터 이리저리 신경 쓰고, 장시간 운전하느라 피곤해서 단것이 당기는가 보네요."

이와 같은 말 한마디는 말하지 않은 내면의 욕구는 물론 존재를 인정하는 일거양득의 효과를 가져온다.

소통을 잘하려면 이야기를 듣는 동안 상대방의 말속에 드러나지 않은 감정, 생각, 욕구, 기대 등을 알아차리고 인정해주면 된다. 그리고 상대방의 목소리 톤, 표정과 같은 비언어적인 부분도 세심하게 관찰하는 노력이 필요하다.

"목소리가 잠긴 것을 보니 많이 피곤한가 보네요. 점심 먹고 긴 시간 운전하다 보면 졸리기도 할 거예요. 피곤할 텐데 교인들 앞이라 피곤하다는 말도 못 하고 당신이 수고해 준 덕분에 서울에 있는 병원까지 힘들지 않게 잘 다녀올 수 있었어요. 고마워요."

마음을 읽어주는 따뜻한 말 한마디는 달콤한 사탕보다도 더 달게 느껴진다.

내 감정을 알면
소통이 쉬워진다

오늘 선생님의 감정은 흐림

초등학교에 재직 중인 최 선생님은 출근 전 거울에 비친 자신의 모습을 보고 깜짝 놀랐다. 거울 속에는 초췌하고 나사가 하나 빠진 것 같은 사람이 서 있었다. '이게 다 그놈의 자식들 때문이야!'라고 혼잣말을 하면서 짜증을 냈다. '휴…' 매일 아침 출근길 자신도 모르는 한숨을 내쉰다. 담임을 맡고 나서 생긴 버릇이다. 학교를 그만두고 싶다는 생각이 하루에도 몇 번씩 들지만, 생계가 달린 문제라 그만둘 수도 없는 상황이 원망스럽다.

교실 문 앞에 서서 최 선생님은 다시 한번 '휴…' 하고 한숨을 크게 쉬고 교실 문을 열었다. 선생님이 들어왔는데도 아이들은 아랑곳하지 않고 떠들고 뛰어다니고 교실은 그야말로 아수라장이었다. 화내지 말자고 다짐을 해보지만 소용없다.

"조용! 너희들은 선생님이 왔는데 인사도 안 하니?"

"…"

"야! 조용히 하라고!"

한바탕 소리를 지르고 나서야 아이들은 하나둘씩 자리에 앉는다. 시간이 지날수록 최 선생님은 화를 내는 횟수가 늘어났고 아이들이 떠들어도 무시하거나 내버려두는 일이 많았다.

어느 날 나는 최 선생님이 근무하는 학교로부터 전화 한통을 받았다. 자초지종을 들어보니 학생들이 담임선생님을 무시하고 수업시간에 집중하지 않는 아이들 때문에 선생님께서 극도의 스트레스에 시달린 나머지 학급에 안 좋은 영향을 주고 있다고 했다.

며칠 뒤 최 선생님과 학생들을 만나기 위해 학교로 향했다. 어떤 친구들일까? 선생님은 어떤 분일까? 가슴이 두근두근 긴장과 걱정, 기대감이 뒤섞여 기분이 묘했다. 심호흡하면서 올라오는 생각과 감정에 잠시 머물렀다. 마음이 한결 편안해졌다.

교실에 들어서니 여기저기서 소리를 지르고 교실을 뛰어다니며 시끄럽게 하는 아이들 때문에 정신이 하나도 없었다. 처음 보는 사람이 들어왔는데도 아이들은 아랑곳하지 않았다. 그런 모습을 바라보며 천천히 고르고 깊게 심장 호흡을 하며 기다렸다. 3분 정도 지났을까? "얘들아 좀 조용히 하자. 선생님께서 기다리고 계시잖아"라는 소리가 들려왔다. 그제야 아이들은 나를 인식한 듯하나 하나둘 자리에 앉기 시작했다.

"안녕하세요~. 만나서 반가워요."

"안녕하세요~."

순간 깜짝 놀랐다. 좀 전의 시끄럽고 정신없이 떠들던 아이들의 모습은 온데간데없이 사라지고 예의 바른 학생들이 앉아 있었다. 수업을 시작하기 전 아이들의 감정을 점검했다.

"지금 나의 기분이 어떤지 이야기해볼 거예요. 자신의 마음을 날씨로 표현해볼까요? 선생님의 마음 날씨는 맑은 하늘에 약간 구름이 있어요. 왜냐하면, 멋진 친구들을 만나는 기대감과 설렘 그리고 약간 긴장감이 느껴지고 있거든요."

"선생님, 저는 천둥ㆍ번개가 쳐요. 왜냐하면, 선생님께 혼났거든요."

"저는 학교 올 때는 맑은 날씨였는데 학교 와서 먹구름이 끼었어요."

"저는 쉬는 시간은 맑음인데요. 수업시간은 토네이도예요. 하하."

"저는 짜증 나요. 왜냐하면, 선생님이 여자아이들이랑 차별이 심하거든요."

감정 날씨로 아이들의 기분을 들어보니, 아이들은 담임선생님의 강압적인 말투와 감정을 잘 조절하지 못해 아이들에게 불편한 감정을 여과없이 표현하는 선생님의 모습으로 인해 선생님과 한 공간에 있는 것을 불편하게 여기고 멀리하고 있다는 것을 알 수 있었다.

감정과 신체가 고통을 받을 때 반응하는 뇌 부위가 일치한다

2009년 메릴랜드주립대학과 애리조나 주립대학에서 40명의 대학생을 대상으로 한 가지 실험을 했다. 20명의 대학생에게 최근 헤어진 애인의 사진을 보여주고 감정적 고통이 신체에 어떤 영향을 미치는가를 관찰했다. 관찰 결과 감정적 고통은 신체적 고통을 당할 때 반응하는 뇌 부위와 일치한다는 것을 발견했다.

심장이 인체에 미치는 영향에 대해 세계적 심장연구 기관인 하트매스 연수소에서 진행한 연구결과에 의하면, 심장이 마치 두뇌처럼 심장지능을 갖고 있으며 뇌보다 심장이 신체에 훨씬 더 많이 영향을 미친다고 한다. 특히 어른의 심장은 어린아이의 심장보다 크기 때문에 어린아이들은 어른이 내뿜는 에너지의 영향을 받는다. 뇌에서 나가는 전자기장은 4.5~5cm지만, 심장에서 나가는 전자기장은 보통 1.5~2m까지 전파된다. 아이들을 대할 때 선생님이 뿜어내는 부정적인 에너지가 아이들에게 영향을 주고 있다는 이야기다. 아동의 정서 발달은 '관계적 환경'에 지대한 영향을 받는다. 따라서 교사와의 불편한 관계는 아이들의 학교생활에 부정적인 영향을 미칠 수 있다.

해소되지 않은 감정이 낳은 부정적 결과

수업을 마치고 잠시 최 선생님과 이야기를 나누었다. 놀랍게도 선생님은 아이들의 눈치를 보고 있었다. 이야기를 들어보니 최 선생님은 교과 담당으로 잠깐씩 아이들을 만나다가 처음으로 학급 담임을 맡았다고 했다. 온종일 아이들과 함께 생활하면서 느낀 점은 생각보다 아이들을 가르치는 것이 어렵고, 각기 다른 특성으로 인해 어떻게 해야 좋을지 몰라서 힘들고 지칠 때가 많았다.

그런 날은 선생님이 된 것이 후회스럽고 아이들을 잘못 가르치고 있는 것은 아닌가라는 자책감이 들어 짜증이 났고, 자신도 모르게 감정을 그대로 표출했다. 상황이 그렇다 보니 아이들도 화가 나거나 마음이 불편한 상황에 놓이게 되면 말을 함부로 하고 말을 잘 듣지 않았다. 이런 아이들의 태도를 보면서 자신을 무시한다는 생각이 들었고 교탁을 두드리거나 큰 소리를 치면서 힘으로 아이들의 행동을 제압하려고 했다.

최 선생님은 학창시절에 선생님의 말씀을 잘 듣는 예의 바르고 조용한 학생이었다. 수업시간에 웃거나 떠드는 아이들이 도무지 이해가 되지 않았다. 예의범절을 강조하는 집에서 자란 선생님은 조금이라도 흐트러진 모습을 보이면 아버지한테 불려가 크게 꾸지람을 들었고 아버지 기분이 안 좋은 날에는 회초리로 종아리를 맞았다. 억울한 날도 많았지만, 무서운 아버지 앞에서 그 어떤 말도 입밖으로 꺼낼 수 없었다. 이런 환경에서 자란 탓에 교실에서 큰 소리로 떠들거나 예의 없는 태도로 막말을 하는 아이들을 보는 것이 여간 힘든 일이 아니었다. 최 선생님과 함께 교실에서 느끼는 감정을 탐색했다.

화남, 짜증 남, 무시당함, 귀찮음, 회의감, 속상함, 초조함, 미안함, 실망감….

그중에 가장 강한 감정은 속상함과 미안함이었다. 교과 담당에서 담임이 되었을 때 정말 잘해보고 싶은 마음으로 최선을 다했으나 아이들과 관계가 멀어지면서 실망감이 들었고, 자신의 말을 무시하는 아이들이 밉다는 생각까지 들었다. 선생님의 이야기를 들으면서 그동안 얼마나 힘들었을지 마음으로 함께 해주고 힘든 시간을 견디느라 지치고 속상했을 선생님을 인정해 주었다. "어린 시절의 해소되지 않은 감정을 아이들에게 거친 말투와 잘못된 방법으로 표현했네요. 그래서 제가 아이들과 어긋나기 시작한 거네요."라며 헛헛하게 웃으셨다.

무시당한 감정은
감정일 뿐!

말을 더듬게 된 아픈 기억

은정 씨는 같은 회사 동료와 점심을 먹고 근처 카페에 들렀다. 커피가 나오기를 기다리면서 손거울을 꺼내 화장을 고치던 동료의 얼굴에 옅은 미소가 번진다. 그런 동료를 보면서 '그러고 보니 나는 아침에 화장하고 나면 온종일 거울을 보지 않는구나'라는 생각이 들었다.

어렸을 때 여름 방학이 되면 전주에서 조카들이 시골집에 놀러 왔다. 하루는 오빠가 조카들과 함께 물놀이를 가자고 해서 1시간 거리에 있는 냇가에 수영하러 갔다. 신나게 놀고 집으로 돌아오는 길, 한여름 땡볕에 도로는 뜨겁게 달궈져 피부가 따끔거렸다.

중간쯤 왔을까 원두막이 눈에 들어왔다. 오빠는 자랑스럽게 "저기 가서 쉬었다 가자. 내 친구 아버지가 하는 거야"라며 원두막으로 데리고 갔다. 잠시 쉬고 집으로 돌아가는 길. 은정 씨의 가녀린 팔에 커다

여자의 감정청소

란 수박 한 덩어리가 안겨 있었다. 햇볕은 따가웠고 어린 여자아이가 자기 몸집만 한 커다란 수박을 들고 집으로 가는 길은 멀기만 했다.

"오빠! 나 무거워. 오빠가 수박 좀 들고 가."

"오빠! 나 무거워 죽겠어."

"…"

"나 무겁다고!! 이거 안 들어주면 땅에다 버린다."

"가시나가. 너 버리기만 해. 가만 안 둬."

"내가 무겁다고 했잖아. 오빠가 들고 가."

오빠는 조카들과 노느라 은정 씨의 말은 귓등으로도 안 들었다. 약이 오를 대로 오른 아이는 "나 무겁다고! 오빠가 안 들어주면 이거 버려버릴 거야!" 하면서 냅다 수박을 길에 던져버렸다. "야! 너 미쳤어? 가시나가 얼굴도 더럽게 못생긴 것이 성질만 더러워서는…."

친척들 앞에서 자신에게 험한 말을 하는 오빠가 밉고 원망스러웠다. 자기보다 나이 많은 오빠가 무섭게 노려보며 소리를 질러대는 통에 아무런 말도 할 수 없었지만, 오빠의 험한 말은 비수가 되어 가슴 깊은 곳에 콕 박혔다.

막내 오빠와 은정 씨는 4살 차이가 난다. 어린 시절 오빠는 험한 말을 참 많이 했다. '못생긴 것이, 공부도 못하는 것이, 잘하는 게 하나도 없는 것이….' 언제부터인가 은정 씨는 무슨 일만 하려고 하면 겁부터 났다. 내가 잘할 수 있을까? 실수하면 어떡하지? 새로운 일이 맡겨지면 한다고는 하지만 마음은 늘 좌불안석이다. 가슴은 두근두 근, 머릿속은 하얀 백지장이다. 마치 바보 멍청이가 된 기분이다. '못 생긴 것이…. 공부도 못하는 것이….' 그때마다 마음속에서 들려오는 말이다. 사람들 앞에 나서기조차 쉽지 않았다.

이 일이 있고 난 후 은정 씨는 말을 더듬기 시작했다. 말을 하려고 하면 긴장해서 입이 떨어지지 않았다. 가장 힘든 시간은 국어 시간이 다. 책을 읽다가 'ㅇ'이 먼저 들어가는 단어가 나오면 '여여여 여자, 여여여 여름'과 같이 말을 더듬었다. 친구들이 이를 알아챌까 봐 긴 장했고 그럴수록 자신이 창피했다.

친척들 앞에서 오빠에게 무시당했던 일이 은정 씨를 함정에 빠뜨 리고 있었다. 친척들 앞에서 면박당한 일이 지금껏 은정 씨를 힘들게 하고 있었다. 오빠에게 들었던 말들을 사실로 받아들인 채 살아오다 보니 그녀의 자존감은 점점 낮아졌고, 사람들 앞에 나서려고 하면 자 신감이 없어서 뒤로 한 걸음 물러났다. 그러고 싶지 않았지만 평가하 는 말을 들을까 봐 두렵고 떨렸다.

여자의 감정청소

감정을 알아차리는 연습이 필요하다

강하고 부정적인 감정을 불러일으켰던 말들은 두고두고 자신을 괴롭힌다. 머릿속에 떠다니는 부정적인 말과 생각들이 마치 사실인 것처럼 착각을 일으킨다. 나 역시 어린 시절 은정 씨와 같은 경험을 한 적이 있다. 자라면서 상처가 되었던 말들이 어른이 된 지금도 나에게 영향을 미치고 있다.

주변 사람들로부터 "한 선생은 좋겠다. 이렇게 잘생긴 남편을 만나서." 남편 친구들이 농담 삼아 던진 "한 선생 같은 얼굴에 어떻게 이런 남편을 만나겠어."라고 말하며 크게 웃었던 사건은 두고두고 나를 괴롭혔다. 누가 봐도 장난으로 한 말인데 나에게는 깊은 상처로 남아서 남편과 크게 다툰 적도 있다. 어렸을 때 들었던 못생겼다는 말이 고스란히 남아서 나를 자극했기 때문이다.

지금 이 글을 읽고 있는 독자 중에도 이와 같은 경험을 했을 수 있다. 어떻게 해결할 수 있을까? 먼저 그 당시에 자신이 느꼈던 감정을 알아차리는 연습이 필요하다. '무시당함, 억울함, 짜증남, 분노. 당황스러움, 어이없음…'과 같이 자신이 느꼈던 감정에 이름을 붙여보자. 두 번째는 느낀 감정을 노트에 적어본다. 자신이 느꼈던 감정을 글로 써 내려가다 보면 어느 순간 편안함이 찾아온다. 상처받은 사건과 그 상황에서 느꼈던 감정을 노트에 기록하게 되면 스스로 위로를 받는다.

감정 단어를 잘 모를 수도 있다. 이런 경우라면 '무시당한 것 같아, 억울했었을 거야, 짜증이 났어…'와 같이 생각으로 기록해도 괜찮다. 그리고 난 후 감정 단어를 보면서 '이때 이런 감정을 느꼈구나. 그런 상황이라면 누구라도 나와 같은 감정을 느꼈을 거야.'라고 타당성을 인정해주자. 마지막으로 '기억은 하나의 사건일 뿐이야. 나를 힘들게 했던 말은 사실이 아니야. 나는 소중한 존재야. 그 누구도 나를 함부로 대할 수 없어.'라고 크고 당당하게 외쳐보자.

지금 외롭다면
마음의 소리를 들어보자

약국집 사모님이 호박도 써세요?

누런 호박과 배, 그리고 양파 자루가 한가득 쌓여 있다. 작은 체구를 가진 아줌마는 늙은 호박과 씨름하느라 낑낑대고 있다. 늙은 호박은 왜 이리 딱딱한지 팔뚝에 힘을 줄 때마다 손바닥이 아파진다. 해가 어둑어둑해질 때까지 건강원 앞 길거리에 쭈그리고 앉아 호박을 썬다. 양파를 하도 썰어 눈물로 얼룩진 얼굴에 웃음기가 사라진 지 오래다. '휴~' 한숨이 절로 나온다. 달여진 호박즙을 포장하고 나면 자신보다 큰 항아리 중탕기 안에 허리를 구부리고 들어가 씻어야 했다. 머리가 중탕기 바닥에 닿을 정도로 집어넣고 씻고 나면 이마에 땀이 송골송골 맺히고 허리가 뻐근했다.

"아줌마, 호박즙 달이는 데 얼마예요? 몇 포나 나와요?"

"아줌마, 포도즙 내리려고 하는 데 포도는 몇 상자가 있어야 해요?"

뜨거운 중탕기 앞에서 땀을 뻘뻘 흘리고 있는데 자존심을 건드리는 목소리에 얼굴이 벌겋게 달아오른다.

"어머! 약국집 사모님이 호박도 써세요? 나는 일하는 분인 줄 알았어요. 하하하."

호박을 썰고 있는 모습을 보며 지나가는 동네 아줌마들이 한마디씩 하는 소리에 속이 상한다.

"약국 사모님이었어? 약국 사모님이 호박을 썰고 있네….."

"정말? 나는 일하는 아줌마인 줄 알았어."

이런 소리가 들려올 때마다 얼굴은 빨갛게 달아오른다. 고개도 못 들고 딱딱한 호박에 괜한 화풀이를 하고 있다.

나의 남편은 약사이고 나는 호박 써는 사모님이다. 한약을 하는 남편을 돕기 위해 건강원에서 일을 도왔다. 어느 순간, 나는 약국 사모님이 아니라 인도 한복판에 쭈그리고 앉아 호박을 썰고, 양파도 써는 아줌마가 되어 있었다. 결혼한 사람이니 아줌마인 것은 당연하겠지만, 사람들에게 "약국 사모님이 호박도 써세요? 직원을 두시지….." 라는 말을 들을 때마다 창피한 생각에 쥐구멍이라도 찾고 싶었다. 이런 말을 들을 때마다 자존심이 상하고 마음 깊은 곳에서 자신의 상황을 한탄하는 소리가 들려왔고 자존감은 한없이 낮아지고 있었다.

외로움이라는 감옥에 갇히다

나의 친정은 시골이다. 집에 다니러 가면 마주치는 동네 아주머니들이 한마디씩 하신다. "아이고 우리 미옥이가 시집을 잘 갔다며? 좋겠다." 이런 말을 들을 때마다 나는 "예"라고 작은 소리로 대답했다. 건강원에서 일하는 분들을 얕보는 것은 절대 아니다. 나는 결혼 전 유치원 교사였는데, 아이들을 잘 가르치고 엄마들과도 관계가 좋아서 원장님께 실력 있는 선생님이라고 인정받았다. 그런 내가 결혼하고 나서 건강원에서 늙은 호박과 씨름하게 될 줄은 상상도 하지 못했다.

속상한 마음을 남편에게 털어놓아도 좋으련만 남편에게조차 창피한 생각이 들어 이야기하지 못했다. 그러다 보니 조금만 피곤해도 입에서 거친 소리가 나갔다. 영문도 모르는 남편은 자꾸만 짜증을 내고 거친 말을 하는 아내를 보면서 답답했을 것이다. 자존감이 낮아지자 사람들 앞에 나서기도 쉽지 않았다. 학교에서 자모들 모임이 있어도 회의가 끝나기가 무섭게 바쁘다는 핑계를 둘러대고 돌아왔다. 나도 모르게 사람들을 피하고 있었다.

"여보 나, 이거 그만하면 안 돼?"

"갑자기 무슨 말이야?"

"나 많이 외로워. 나도 밖에 나가서 친구랑 차도 마시고 싶고 이야기도 하고 싶은데 그럴 만한 사람이 없어."

남편은 이런 나를 이해하지 못했다. 호박 써는 사모님이라는 말이 듣기 싫어서 사람들과 만남을 피하자 남편에 대한 서운함과 원망하는 마음이 나를 힘들게 했고 그때 찾아온 외로움은 나를 없는 사람으로 만들었다. 마음속에서 외롭다는 말이 들릴 때마다 그 마음을 묻어두기 위해 노력했다. 불평불만이 올라와도 배부른 소리라며 외면했다. 그러면 그럴수록 외롭다는 생각은 더 크게 다가왔고 나를 외로움이라는 감옥에 가둬버렸다. 아무 일 없이 눈물이 나는가 하면, 마음 한구석이 욱신욱신 아팠다. 종종 우울해지기 시작했다.

외로움이 말하는 소리에 귀를 기울이다

감정코칭을 공부하면서 외로움의 실체를 알았다. 공감받지 못하고 무시당한 생각들. 지치고 힘든 마음을 아무도 알아주지 않았던 시간이 나를 외롭게 했다. 어느 순간 외로움은 자신을 무시하지 말라고 자꾸만 자기 존재를 드러내기 시작했다. '나는 호박 써는 아줌마라는 소리가 정말 듣기 싫었어. 자존심이 상했고, 창피했고, 남편이 원망스러웠어. 다른 약국집 사모들처럼 집에서 살림하면서 사람들과 어울리고 싶었어…. 하지만, 호박 써는 일을 그만둘 수가 없었어…. 직원을 둘 만큼 여유가 없었거든.'

마음속 깊은 곳에 눌러두었던 소리들을 듣고 또 들었다. '그랬구

나. 너의 마음을 알아주는 사람이 없어서 정말 힘들었구나. 정말 많이 힘들었겠다.' 마음 한쪽에 쌓아두었던 외로움이라는 상자를 열어서 나를 힘들게 했던 일렁이는 파도들을 하나씩 만났다. 그렇게 외로움과 만났다. 인정받지 못하고 상처받은 마음속의 나를 수용하고 보듬어주었다. 외로움이 말했다. '고마워 이제 괜찮은 거 같아.'

대부분의 사람들은 마음이 하는 말에 귀를 기울이지 않고 산다. 자신이 왜 힘든지에 대해 현상에만 초점을 맞춘다. 현재의 삶이 힘들 수도 있다. 몸이 힘든 것은 쉬어주면 어느 정도 해결이 되지만, 마음이 힘든 것은 쉬어준다고 해결되지 않는다. 내가 그랬다. 마음의 힘듦이 외로움이 되어 찾아왔고 그것을 채우기 위해 '외로워 죽겠어'라는 말을 입에 달고 살았지만, 힘든 마음은 눈덩이처럼 커져만 갔다.

정말 중요한 해결책은 외로움을 만나는 것이다. 외로움의 실체를 만나는 것이 두렵고 무서울 수 있다. 하지만 만나서 위로해 주고 공감해줄 때 외로움은 더는 외로움이 아니라는 것을 알게 된다. 외로움 속에 있는 자신의 존재를 만났을 때 외로움은 비로소 해결된다. 지금 자기를 힘들게 하는 감정으로 인해 아파하는 독자가 있다면 잠시 멈추어 서서 마음속에서 들려오는 소리를 들어보자. 그리고 온 힘을 다해 만나고 가만히 안아주자.

감정은 온전히
내 몫이다

나 스스로 오해하고 불편한 감정을 느낀다

오라소마 컬러 테라피를 배우는 과정에서 벌어진 일이다. 오라소마 컬러 테라피는 컬러를 활용한 심리치료인데, 오라소마 상담사 자격과정에 참여하면서 코칭을 공부했던 선생님들과 오랜만에 함께할 수 있어서 신이 났다. 특히 권혜경 선생님과 오랜만에 함께하는 교육이라 설레었고 교육을 받는 시간이 즐겁고 신났다. 권 선생님은 부드러움과 온화함을 지니신 분으로 내가 좋아하고 닮고 싶은 분이기도 하다.

점심시간이 되어 점심 식사를 주문하기 위해 이야기를 나누고 있었다. 식사를 주문하는 과정에서 권 선생님의 태도가 눈에 들어왔다. 오랜만에 만난 권 선생님의 모습은 예전에 내가 알던 모습과는 많이 달라져 있었다. 권 선생님의 당당하고 힘 있는 태도를 보면서 혼잣말로 "권 선생님 세졌네"라고 했다. 그런데 이 말이 권 선생님의 마음에 불편함을 주었던 모양이다. 수업 중에 나를 향한 권 선생님의 말투에서 딱딱함이 느껴졌다. 마음에서 뭔지 모를 불편함이 올라왔지만 '뭐지? 내가 뭘 실수했나?'라고 대수롭지 않게 생각하고 넘겼다.

다음 날 수업시간에 권 선생님과 상담 실습을 하면서 어제 느꼈던 불편함의 원인이 무엇인지 알 수 있었다. "선생님 세졌네"라고 한 말이 권 선생님에게 불편한 마음을 주었다. 상담 실습을 하면서 권 선생님은 전날 남편과 언짢은 일이 있었는데 내가 무심코 내뱉은 '세졌네'라는 말이 마치 남편이 자신을 공격할 때 하는 말처럼 들렸다고 했다. 그런 이유로 혹은 그런 탓에 나에게 하는 말에 불편한 감정이 묻어 나왔다. 나도 이런 경험을 할 때가 종종 있다. 상대방은 아무런 의도 없이 한 말인데 내 기분에 따라 생각하고 오해해서 불편한 감정을 느껴서 상대방에게 감정적으로 대했던 적이 있다.

내 안의 감정을 상대방에서 느끼는 투사의 법칙

왜 이런 일이 일어나는 것일까?

'투사의 법칙' 때문이다. '투사의 법칙'은 내 안에 있는 것이 상대방의 모습에서 느껴지는 것을 의미한다. 우리는 살아오면서 다양한 경험을 하게 된다. 긍정 경험이든 부정 경험이든 이러한 경험은 우리의 무의식에 저장되어 삶에 영향을 미친다. 특히, 긍정 경험보다 부정 경험이 우리의 삶에 더 많은 영향을 미친다.

'투사의 법칙'은 뇌의 해마라는 장기에 저장되어 있던 부정적 경험으로 인해 타인의 표정이나, 행동, 태도, 말투가 마치 자신에게 하는 것처럼 느끼는 것을 말한다. 이때 느껴지는 부정적인 생각이나 감정은 과거의 경험에서 이미 느낀 감정이 되살아난 것이다.

권 선생님은 상담 실습을 하기 전 나에게 한 가지 질문을 했다.

"코치님, 어제 세졌다고 말할 때 정말 아무런 의도도 없었어요? 정말 알고 싶어요. 솔직하게 말해주세요."

"네 맞아요. 선생님의 모습이 예전과는 많이 달라졌다는 것을 알았어요. 예전에 제가 알던 선생님은 누군가에게 부탁할 때도 상대방의 눈치를 많이 보고 배려가 과해서 부탁하기도 쉽지 않았잖아요. 그런데 어제는 저에게 당당하게 요청하시더라고요."

"아, 그랬군요."

"강해지는 건 선생님께서 원하던 거 아니셨어요?"

"맞아요. 그런데 코치님의 말을 듣는 순간 불편함이 확 올라오더라고요. 생각해 보니까 어제 남편이 저에게 한 말이었네요. 무슨 이야기 끝에 예전에는 안 그러더니 요즘 마음공부를 한다더니 말대꾸를 하네…."

우리는 익숙한 감정을 좋아한다. 그리고 한편에선 새로운 감정을 선호하기도 한다. 새로운 감정을 선호하는 것과 수용하는 것은 다르다. 평소 권 선생님은 편안함, 온화함, 수용하고 포용하는 따뜻한 감정을 선호했다. 하지만 기분 나쁜 일이 있거나 부당한 대우를 받아도 '괜찮아. 내가 참으면 되지'라고 말하는 것에 익숙해져 있었다. 그런 자신을 좋아하지만, 한편으론 그런 모습에서 벗어나고 싶었다. '나도 좀 당당하고 싶다, 언짢은 기분이 들 때 하고 싶은 말을 하고 싶다'라고 생각하지만, 마음처럼 쉽진 않았다.

자신이 원하는 감정을 표현하고 싶을 때 방해하는 것이 있다면 투사의 법칙이 작동하고 있는 것은 아닌지 살펴보자. 과거 자신을 힘들게 했던 말이나 행동 표정, 경험들이 새로운 감정을 받아들이는 것을 방해하는 것일지도 모른다. 감정은 타인의 것이 아닌 온전히 내 것이다. 원인 제공은 상대방뿐만 아니라 다양한 곳에서 올 수 있다. 친구와 이야기를 하다가, 뉴스를 보다가, 이불 속에 누워 있다가. 갑자기 불편한 감정이 올라오기도 한다.

불편한 감정은 내 것이다. 원인 제공자들은 그들의 생각이나 감정을 솔직하게 표현했을 뿐이다. 그런 모습에 불편감이 올라온다면 나의 감정이 상대방에게 투사되고 있는 것은 아닌지 점검해보자. 내 감정의 주인이 되는 것은 원하는 감정을 선택할 수 있는 결정권이 자신에게 있음을 인정하고 받아들일 때 가능해진다.

지금 이 글을 읽는 독자 중에도 아무런 이유 없이 상대방으로부터 불편한 감정이 느껴진다면 자신의 감정에 먼저 솔직해지길 바란다. 불편한 감정이 어디로부터 왔는지 깊이 생각해보면 이 감정의 주인이 나라는 것을 알게 될 것이다.

더 이상 참지 마라

공황장애까지 일으킨 문제의 원인

상담실에서 만난 13살의 선희는 어디서든 착하고 말 잘 듣는다는 소리를 듣는 아이였다. 그런 그녀가 서른 살이 된 지금 공황장애와 공포, 불면증, 불안증세를 보이고 있다. 어떻게 된 일일까? 그녀의 이런 증세는 대화를 통해 금방 알 수 있었는데 원인은 그녀의 '아버지'였다. 그는 한 마디로 '센' 사람이었다.

초등학교 2학년 때, 집으로 돌아오다가 길가에 작은 고양이 한 마리가 힘없이 누워 있는 모습을 보고 고양이를 번쩍 안고 집에 데려왔다. 고양이에게 방석을 깔아주고 먹이를 주고 머리를 쓰다듬어 주었다. 그때 갑자기 뒤에서 들려온 마치 천둥 번개가 바로 옆에서 치는 것과 같은 큰 소리에 깜짝 놀라 그만 정신을 잃고 말았다.

퇴근 후 집으로 돌아온 아버지가 더러운 길고양이를 집에 데려온 것도 모자라 머리를 쓰다듬고 있는 모습을 보고 무서운 표정을 짓고 큰소리를 쳤다.

"네 이놈의 자식, 이게 무슨 짓이야? 누가 더러운 고양이를 집에 데려오라고 했어? 당장 갖다 버리지 못해!"

고양이가 불쌍해서 데려왔다는 말을 할 겨를도 없이 아버지의 불호령에 옴짝달싹도 못 한 채 기절하고 만 것이다.

시간이 흘러 24살이 되던 해 그녀는 여느 또래들과 비슷하게 학교를 졸업하고 꽤 괜찮은 직장에 취업했다. 매일 새벽까지 일하고 아침 9시에 출근하다 보니 피로가 누적되어 일이 효율적으로 진행이 되지 못하는 상황에서 약간의 실수가 생겼고, 이것이 대표의 심기를 건드렸다. 대표는 앞뒤 상황은 따지지도 않고 직원들 앞에서 선희에게 소리를 지르고 심하게 잔소리했다.

회사 대표는 아버지와 많이 닮아 있었다. 사장은 선희의 순한 성격과 착한 마음을 이용해 노동력을 착취했다. 힘들어도 힘들다는 말을 하지 못한다는 사실을 알고 사장은 일을 과도하게 시켰고 그녀를 더욱 힘들게 했다. 날이 갈수록 선희는 뼈만 남을 정도로 야위어 갔다. 그런 딸의 모습을 보고 엄마가 걱정에 가득 찬 눈빛으로 일이 많이 힘드냐고 물었지만, 엄마가 속상해하실까 봐 괜찮다고 했다. 그러던 어느 날 갑자기 숨이 안 쉬어지고 목이 조여지는 듯한 증상이 나타났고 공황장애 진단을 받았다.

마음속의 음소거 버튼

선희 아버지는 무서운 분이셨다. 아버지 앞에서 숨소리 내는 것조차 조심스러워할 만큼 늘 긴장하고 살았다. 아버지가 술을 드시고 오는 날이면 엄마에게 소리를 질렀고 물건을 집어 던졌다. 이런 양육환경에서 선희는 살아남기 위해 쥐죽은 듯이 지낼 수밖에 없었고 감정을 억눌렀을 뿐만 아니라 아버지 말에 무조건 순종해야만 하는 착한 아이로 살아야 했다. 어른이 되었지만, 착한 아이로 살아야만 했던 그녀는 직장에서 하는 일이 아무리 힘들어도 힘들다는 말을 한 번도 입 밖으로 내본 적이 없다.

힘들다는 생각이 올라올 때마다 '힘들다고 말하면 안 돼. 괜찮아. 조금만 버텨보자'라며 자기 자신을 채찍질했다. 마음속에 음소거 버튼을 만들었다. 과도한 스트레스와 감정을 억누르고 살다 보니 공황장애가 나타났고 증상이 어둠에 대한 공포와 불안감으로 나타났다. 캄캄한 곳은 갈 엄두도 내지 못했고 집에서 잠을 잘 때 모든 불을 다 켜놓아야 했다. 깊은 잠을 잔다는 것은 상상조차 할 수 없었다.

선희는 마음속에 음소거 버튼을 만들고 나서 볼륨을 키우는 방법을 상실해버렸다. 볼륨을 키우는 순간 자신뿐만 아니라 엄마까지 아버지의 엄청난 폭언을 들어야 했기 때문이다. 평소 마음이 따뜻하고 상대를 생각하는 마음이 큰 선희는 자기 때문에 엄마가 힘들어하고 상처받는 것을 원하지 않았다. 그래서 아무리 힘들어도 음소거 버튼을 재생시키지 않았다.

내 안의 마이크 볼륨을 높여라

우리는 마음속에 속 이야기를 자신이 원하면 언제든지 말할 수 있는 마이크 하나씩은 가지고 있다. 건강한 사람은 자신이 원하면 언제든지 마이크 볼륨을 높일 수 있다. 그렇지만 상처가 깊거나 건강하지 못한 자아를 가지고 있는 사람은 스스로 볼륨을 조절할 힘을 잃어버린다. 선희 역시 음소거 버튼을 해제하고 싶었지만 사용한 지 오래되어 어디 있는지 찾을 수 없었다. 속에 있는 말이 밖으로 새어 나올까 봐 늘 긴장하고 숨을 죽이며 살아왔기 때문이다.

오라소마 컬러 상담을 받으면서 선희는 입을 닫기 시작했던 시점에서부터 하나씩 하나씩 하고 싶었던 말을 뱉어냈다. 아주 오랜 시간이 흘렀고, 자기가 어떤 사람인지 찾기 시작하면서 공황장애가 조금씩 좋아졌다.

상담하면서 그녀가 뽑은 컬러 바틀은 딥마젠타와 진한 블루였다. 컬러 바틀은 우울, 자살 충동, 혼란스러운 그녀의 감정 상태를 고스란히 나타냈다. 하지만 이런 특징은 그림자 상태에서의 모습으로 빛의 영역에서 보면 깊은 상처가 치유되면 타인을 치유하는 힘을 지니고 있다. 상담을 받으면서 그녀는 자신이 얼마나 소중한 사람인지 알게 되었고, 숨겨진 존재의 빛을 발견하면서 상담공부를 시작했고, 자신과 같이 어렵고 힘든 사람을 돕고 싶다는 희망을 품기 시작했다. 그동안 꼭꼭 숨겨 놓았던 자신의 이야기를 하면서 어둠에 대한 공포와 공황장애로부터 조금씩 벗어날 수 있었다.

선희는 나와 만나면서 억눌러 놓았던 감정을 하나씩 천천히 찾고 풀어내는 시간을 가졌다. 아버지에게 인정받지 못한 억울하고 힘들었던 어린 시절의 선희를 위로하고 인정했다. 인정하고 그런 삶을 선택한 자신을 용서했다. 이후 그동안 자신을 힘들게 했던 직장을 그만둘 힘이 생겼고 자신을 옥죄었던 감정의 쓴 뿌리를 바라볼 수 있는 용기가 생겼다.

그랬구나…
많이 힘들었구나…
많이 아팠구나…
많이 억울했구나…
아주 무서웠구나…
두려움과 긴장 속에서 지내느라 힘들었구나.

풍선 입구에 수도꼭지를 밀어 넣고 조금씩 물을 흘려보낸다면 어떻게 될까? 풍선은 조금씩 부풀어 오를 것이다. 하지만 이 물을 멈추지 않고 계속 흘려보내면 무게를 견디다 못해 결국 터지고 만다.

풍선에 물을 채우듯 힘든 감정을 쌓아만 두면 언젠가 터진다. 줄여놓았던 음소거 버튼을 찾아서 조금씩 키워보자. 하고 싶은 말은 하면서 살자. 친한 친구에게 고민을 털어놓은 기억은 누구나 있을 것이다. 별다른 위로의 말을 해주지 않아도 그저 내 이야기를 들어주기만 해도 답답했던 마음에 바람이 통한다.

여자의 감정청소

감정도
다이어트가 필요하다

야식으로 보상받은 결과

한 달 전부터 다이어트를 하고 있다. 박사 논문을 쓰느라 8개월간 집에서 작은 방에만 틀어박혀서 매일 하던 운동을 하지 못해 몸의 균형이 다 깨졌다. 낮과 밤에 대한 시간 개념이 없어지고 밥 먹는 시간조차 일정하지 않았다. 새벽까지 논문을 쓰다 보면 급격하게 허기가 져서 책상 위에는 언제나 하리보와 같은 젤리와 주전부리가 놓여 있었다. 논문이 완성되고 나니 몸무게가 4kg이나 늘어났다.

그런데 논문을 다 쓰고 나서 마치 보상이라고 받으려는 듯 저녁마다 야식으로 위를 길들였다. 아뿔싸! 옷이 맞는 게 하나도 없다.

'이를 어쩌지? 그래 결심했어. 오늘부터 야식은 절대 안 먹을 거야.'

그날 저녁 내 앞에는 양념 족발이 놓여 있었다.

'어이구 미쳤어. 도대체 하루를 못 넘기나?'

후회하면서 자신을 원망해보지만, 이미 야식은 습관이 됐고, 거울 속에는 상상할 수 없을 정도로 몸이 불어난 내가 보였다.

"다들 잠깐만 이리 와봐."

"무슨 일인데 그래?"

"나 오늘부터 살을 뺄 거니까 내 앞에서 절대 야식 먹지 마. 알았지?"

"알았어. 잘해봐."

가족의 응원과 도움까지 강요하며 다이어트에 돌입했다. 성공에 대한 의지를 불사르며 마음을 단단히 먹었다. 밥을 반으로 줄이니 뱃속에서 밥 달라고 요동을 친다. 그럴 때마다 넓적하게 퍼진 배를 만지면서 '정신 차려. 이러다가 정말 돼지 되겠다.' 튀어나온 배를 찰싹 때리며 안간힘을 썼다. 한 달이 지난 지금 간식 생각이 많이 없어졌고 밥을 적게 먹어도 잘 버티고 있다.

감정도 다이어트가 필요하다

감정도 다이어트가 필요하다. 논문을 쓰면서 나는 부정 감정을 폭식했다. 짜증남, 화남, 답답함, 분노, 무시당함, 배신감, 어이없음, 황당함. 나의 에너지를 끌어내리는 감정들을 하루도 안 빠지고 먹었던 것 같다. 관계에서 오는 불편함. 믿음을 저버리는 어이없는 상황이 나를 부정적인 생각으로 이끌어 불편한 현실 앞에 좌절할 수밖에 없었다. 그러던 어느 날 거울 앞에 초췌한 모습의 내가 보였다. 입만 열면 불평과 불만을 쏟아내며 짜증난 표정으로 한심하게 노려보는 나를 발견하고 깜짝 놀랐다. 모든 상황이 싫었다. 불편한 관계도 버거웠다.

평소 잘 지내던 선배가 있었다. 선배는 논문지도를 받으면서 지도교수의 까다로운 요구를 충족시키느라 힘들고 지칠 때마다 나에게 자주 전화로 하소연했다. 직장 다니면서 밤새워 논문을 쓰고 피드백을 받으면서 진도가 나가지 않아서 속상해 했다. 그때마다 선배가 쏟아내는 한 맺힌 말들을 진심으로 들어주었고 통화가 자정을 훌쩍 넘기는 날은 남편의 따가운 눈총도 감내해야만 했다.

"한 선생님 고마워요. 내가 선생님 논문 쓸 때 도와줄게요."

논문 쓸 준비를 하면서 마음속으로 선배에게 많이 의지했다. IRB 심사를 준비할 때의 일이다. IRB 심사는 박사 논문을 쓰기 위해 생명윤리위원회에서 받는 심사를 말한다. 선배에게 도움을 요청했다. 선배는 매우 바쁘다며 "선생님이라서 도와드리는 거예요"라는 말과 함께 한두 차례 도움을 주었다.

그러던 어느 날 선배에게서 장문의 문자가 왔다. 자신이 너무 힘드니 더는 연락하지 말라는… 순간 당황스러웠다. '정말 많이 힘든

가 보구나'라는 생각으로 몇 차례 전화를 걸었으나 그때마다 받지 않았다. 그날 이후 선배는 내 번호를 차단했다. '뭐지? 내가 뭘 어쨌다고 번호까지 차단해!' 황당했다. 어이가 없었다. 배신감이 들었다. 자기가 힘들 때는 자정 넘어서까지 전화하더니…. 서운함이 몰려왔다.

그런데도 이해되지 않는 선배의 행동을 이해하려고 노력했다. 하지만 생각하면 할수록 서운하다 못해 섭섭함과 괘씸하다는 생각이 나를 괴롭혔다. 선배가 미워지기 시작했다. 전화까지 차단한 선배의 행동을 도무지 이해할 수 없었고 화가 나서 미칠 것만 같았다. 어떻게 나한테 그럴 수 있지? 자기가 먼저 도와준다고 했으면서, 도와주기 싫으면 싫다고 하지. 내가 뭘 어쨌길래 이렇게까지 하는 이유가 뭐야? 생각하고, 생각하고 또 생각했다.

부정적인 생각과 감정에 휩싸여 자책하는 내가 보였다. '그만둘 거야!'라는 결심과 함께 방법을 찾기 시작했다. 문득 '그럴 수도 있지~'라는 생각이 들었다. 그래 얼마나 힘들었으면 자신이 아는 사람들과의 관계를 모두 차단했을까? 그녀의 처지에서 생각하기 시작했다. '그래 그럴 수도 있지. 사람과 관계하는 것이 얼마나 힘들었으면, 혼자만의 시간이 필요했을 거야.'

그러자 신기하게도 불편한 마음이 줄어들었다. 오랜만에 마음에 평화가 찾아왔다. 선배의 이해되지 않는 행동은 나를 부정적인 감정의 소용돌이로 몰아갔고 공격했다. 그러면 그럴수록 나는 자신을 힘

60   여자의 감정청소

들게 하는 부정적인 생각과 감정을 맛있는 음식이라도 되는 양 계속
해서 먹고 있었다. 부정적인 에너지로 마음이 뒤룩뒤룩 살찌는 것도
모르고….

'그럴 수도 있지'라고 말해보자

우리 몸은 자신이 감당하기 힘든 강력한 스트레스를 받으면 자율
신경계 안에 있는 교감신경계가 작동해 충동적으로 행동하게 만든
다. 부정적인 경험을 많이 하고 부정 감정이 잦으면 잦을수록 습관처
럼 교감신경을 자극한다. 익숙해진 감정은 의도하지 않아도 자동으
로 부정 감정을 먹이로 삼는다. 그럴 때 긴급 처방으로 선택한 것이
'그럴 수도 있지'이다. 이해되지 않는 상대방의 행동으로 인해 안 좋
은 생각이 올라올 때마다 '그럴 수도 있지'라는 말을 했다. 그러고 나
면 신기하게도 생각이 정리되고 마음이 편안해졌다.

지금 이 글을 읽고 있는 독자 중에 자신에게 유익이 되지 않는 생
각과 불편한 감정으로 인해 힘들어하는 분이 있다면 '그럴 수도 있
지'라고 말해보자. 자신을 힘들게 했던 사건과 상황에서 빠져나와 가
볍고 편안한 마음을 되찾는다. 감정에도 다이어트가 필요하다.

2부

감정을
받아들이면
생기는 변화

자신의 감정을
인정하라

언제나 돌아오는 건 나에 대한 비난뿐

"저쪽으로 가야지! 거기서 그러고 있으면 어떻게 해!"

잔뜩 날이 선 목소리가 밤하늘에 울려 퍼졌다. 내 마음속에선 '내 볼을 당신이 쳐 놓고 왜 나한테 뭐라고 그래!'라고 소리치고 있었지만 난 그저 속으로 삼킬 뿐이었다.

남편과 테니스를 시작한 지 18년째다. 부부가 함께 운동하면 공통된 주제로 이야기할 수 있는 좋은 점이 있다. 하지만 이것이 때론 갈등을 유발하기도 한다.

저녁 9시 퇴근 후 남편과 함께 테니스장으로 향했다. 얼마간 몸풀기가 끝나고 본 게임을 하는 중에 내가 쳐야 할 볼을 남편이 달려와 쳤는데 상대방이 그 볼을 맞받아쳐 버렸다. 결국, 점수를 잃어버렸다. 남편은 내가 에러를 해서 점수를 잃었다며 일그러진 표정으로 다

짜고짜 언성을 높였다.

'적반하장도 유분수지, 예고도 없이 볼을 쳐서 당황한 건 나야'라
는 말이 목구멍까지 올라왔지만 아무 말도 하지 않았다. 그래야 이
순간을 다툼 없이 넘길 수 있다. 내가 토를 다는 순간 더 큰 소리가
들릴 게 뻔하기 때문이다.

"…"

"내가 이리 왔으면 저쪽으로 빨리 가서 공을 받아쳐야 할 거 아
냐?"

더는 게임을 하고 싶지 않다는 생각이 올라오자 발을 땅에 붙인채
로 의욕이 없는 나의 모습에 남편의 목소리는 더욱 거칠어진다. 결과
는 패다.

남편은 승부욕이 강한 사람이다. 이기려는 마음이 크다 보니 행동
반경이 넓어지면서 파트너인 나를 믿지 못하는 상황이 벌어진다. 나
는 좀 다르다. 게임은 '승패에 상관없이 즐겁게 하자'이다. 게임 중에
파트너가 나를 믿어주고 파이팅을 해주면 대부분 승률이 높다. 그러
나 중간에 나를 탓하는 소리가 나거나 게임 중에 인상을 쓰는 파트너
의 모습이 보일 때면 불편함이 올라온다. 그러고 나면 게임에 집중하
기가 힘들다. 남편은 지는 것을 많이 힘들어한다. 그런 성향 탓에 게
임을 하는 도중에 에러를 해서 점수를 잃으면 얼굴이 굳어지면서 잔
소리를 한다. 게임을 마치고 집으로 돌아가는 차 안에 냉기가 돈다.

"…. 큰소리 좀 치지 마. 나는 당신이 큰소리 내면서 인상을 쓰면

자신 있는 플레이가 안 돼.”

"내가 뭘 어쨌다고 그래? 인상은 누가 썼다고 그래? 경기하다 보면 그럴 수도 있지. 왜 그렇게 민감하게 반응하고 난리야!”

속상한 마음에 이야기를 해보지만, 언제나 돌아오는 것은 나의 잘못을 지적하는 비난의 목소리다. 상담과 코칭을 공부하면서 남편의 그런 모습을 보는 것이 왜 이렇게 힘들고 불편할까를 생각해봤다. 인상을 쓰면서 큰 소리로 이야기하는 남편을 보면 나도 모르게 긴장이 된다. 심장은 콩닥콩닥 뛰고 발은 얼어붙어서 제대로 경기를 할 수가 없다.

이유가 뭘까? 큰 소리는 나를 탓하는 듯한 소리로 들리고 반응이 느려지고 머릿속이 멍해진다. 무서운 표정과 큰 소리에 대한 반응은 비단 남편뿐만이 아니다. 아들도 마찬가지다. 성향이 온순한 아들은 좀처럼 큰 소리를 내지 않지만, 가끔 자신이 억울하다고 생각되면 인상을 쓰면서 "엄마 제발 그렇게 말 좀 하지 마세요"라고 강하게 이야기한다. 아들로서는 당연히 할 수 있는 말을 한 것뿐인데 나에게는 상처가 된다. '마음이 여리다'라는 말로는 설명이 안 된다.

마음의 상처를 심장호흡으로 달랜다

HD행복연구소의 최성애 박사는 어린 시절에 생긴 마음의 상처는 자신이 감당할 수 없는 스트레스 상황에 놓였을 때 만들어진다고 했다. 어린아이는 스트레스를 처리할 수 있는 뇌의 회로가 제대로 발달하지 못했기 때문에 이러한 스트레스 상황에 자주 놓이면 마음에 깊은 상처로 남는다.

어린 시절 아버지가 인상을 쓰며 큰 소리로 꾸짖을 때마다 나는 그 자리에 꼼짝도 못 하고 서 있었다. 고개를 푹 숙인 채 아버지가 하시는 말씀을 오들오들 떨면서 온몸으로 들어야 했다. 이런 상황에 놓이게 되면 어린아이의 뇌 회로는 오솔길과 같아서 스트레스를 처리할 힘을 잃어버린다. 아직 성장하지 않은 어린아이가 덩치가 큰 어른의 큰 소리를 온몸으로 받아들이고 있을 때의 상황은 마치 큰 자동차가 좁은 오솔길을 지나가는 것과 같다. 자동차가 지나가는 동안 좁은 오솔길은 망가질 수밖에 없다.

어떻게 하면, 이 상황에서 벗어날 수 있을까? 방법은 의외로 간단하다. 세계적 심장 과학을 연구하는 하트매스 연구소의 연구 결과에 의하면 심장 호흡을 통해 스트레스 상황을 쉽게 벗어날 수 있다고 한다. 심장 호흡은 심장에 집중하여 5초 정도 고르고 깊게 숨을 들이마시고 천천히 내쉬면 된다. 심장 호흡을 4~5회 정도만 반복해도 마음이 진정되고 편안한 상태가 되고 스트레스 지수는 현저하게 떨어진다. 여기서 중요한 것은 호흡하면서 자신의 감정을 알아차리고 감정에 머무르는 것이다. 두려움에 떨고 있는 자신을 있는 그대로 수용하고 마음을 읽어 주면 마음이 안정된다.

'지금 숨이 잘 안 쉬어질 정도로 힘들구나. 남편이 화내면서 말하는 모습을 보는 것이 불편하구나. 내가 갑자기 볼을 쳐서 당신한테 어렵게 볼이 갔네. 미안하다는 말을 듣고 싶었는데, 사람들 앞에서 마치 내가 잘못할 것처럼 말해서 창피하고 속상했구나!'

마음속에 올라오는 감정을 알아차려 주고 인정해주는 것만으로도 심장박동이 정상으로 돌아오게 되어 편안함과 안정감을 느낄 수 있다.

여자의 감정청소

'엄마니까'에서
벗어나보자

세상에 저런 남편도 다 있구나

여름휴가를 다녀왔다. 남편, 딸, 아들은 도착하자마자 방으로 들어가서 잠을 잔다. 거실에 나만 덩그러니 남아있다. 여행용 가방과 정리해야 할 짐이 한가득 쌓인 걸 보니 한숨이 절로 나온다. 마음속에서 원망 섞인 말들이 쏟아져 나온다.

'나도 피곤하다고! 나도 쉬고 싶다고! 여행은 같이 갔다 왔는데 왜 나만 정리해야 하냐고!'

세탁기에 들어갈 빨랫감을 내동댕이쳤다. 무슨 소용이 있으랴 싶어 다시 집어 들지만 '욱!' 하고 올라오는 감정에 냅다 다시 집어던진다. 빨랫감에 괜한 화풀이를 하고 있다. 문득 오래전에 봤던 〈임아 그 강을 건너지 마오〉라는 영화 속 할머니의 모습이 떠오른다. 할아버지가 할머니를 바라보는 눈빛이 부럽다.

영화 속에서 할머니는 새벽녘에 화장실에 가고 싶어졌다. 곤히 자는 할아버지에게 화장실에 같이 가달라고 요청한다. 나이 어린애도 아니고 할머니가 할아버지를 깨워서 화장실에 같이 가달라고 하는 장면을 보면서 피식 웃으며 할아버지의 반응이 궁금했다.

'이놈의 할망구가 미쳤나? 자다가 뭔 씨나락 까먹는 소리여!'

그런데 할아버지의 반응은 나의 예상을 보란 듯이 비껴갔다. 전혀 불편한 기색 없이 기꺼이 동행해주었다. 이뿐만이 아니다. 할머니는 자신이 볼일을 보는 동안 무서우니까 어디 가지 말고 문밖에 서서 노래를 불러 달라고 한다. 어이없게도 할아버지는 할머니가 볼일을 다 볼 때까지 노래를 불러 주었다. 심지어 화장실에서 나온 후에도 새벽녘의 구수한 멜로디는 이어졌다. '세상에 저런 남편도 다 있구나'라는 생각이 들자 피곤하다며 들어가 잠자는 가족들의 태도에 한숨이 절로 나왔다.

여자로 산다는 책임감

문득 친정엄마 모습이 떠오른다. 가을 추수가 끝나고 날씨가 선선해질 무렵 엄마는 아버지와 함께 산에 나무를 하러 가셨다. 날이 어둑어둑해져서야 지친 모습으로 나무가 가득 실린 손수레를 뒤에서 힘겹게 밀고 마당으로 들어섰다. 엄마는 먼지만 후드득 털고 부랴부랴 부엌으로 들어갔다. 손수레를 마당 한쪽에 둔 아버지는 씻고 방에 들어가셔서 TV를 틀지만 이내 코를 골고 주무셨다. 엄마는 서둘러 저녁상을 차려 방으로 들고 오면서 어린 나에게 아버지를 깨우라고 하셨다.

똑같이 힘들게 일했지만, 여자의 일은 끝이 보이지 않는다. 저녁 설거지를 하고 해온 나무들을 헛간에 쌓고 나서야 비로소 하루의 일과가 끝난다. 엄마의 마음은 어땠을까? 피곤한 몸을 이끌고 밥을 짓고 남아있는 일을 하면서 아버지에게 섭섭했을까? 도와주지 않는 남편이 원망스러웠을까? 아마도 그랬을 것이다. 하지만 엄마는 힘들다는 말을 아버지 앞에서 한 번도 하지 않으셨다. 어쩌면 밥솥에 불을 때면서 아버지에 대한 서운한 마음을 태웠는지도 모른다. 지금의 내 모습도 엄마의 삶과 참 많이 닮았다는 생각이 든다.

여자로 산다는 건 엄청난 책임감을 요구한다. 아무리 힘들어도 자식 앞에서 힘들다는 내색을 하지 않고 가족을 섬기는 마음으로 묵묵히 힘든 시간을 견뎌낸다. 가끔은 여자라는 역할에서 벗어나고 싶다. 집안일을 하고 싶지 않아 누가 대신해줬으면 하는 바람도 가져보지만, 이내 포기하고 만다. 누가 하라고 떠다밀지도 않았는데 어린 시절 보고 자란 엄마의 모습을 그대로 하고 있다.

머리가 지끈지끈 아파진다. 하고 싶은 말을 마음속에 묻어 두면서 생긴 두통이다. 약을 먹어도 쉬이 가라앉지 않는다. 짐 정리하던 것을 잠시 멈추고 거실 바닥에 철퍼덕 주저앉았다. 가족에 대한 서운한 마음을 잠시 내려놓고 올라오는 감정을 마주한다.

'나도 쉬고 싶은데 아무도 도와주지 않아서 짜증이 났구나. 서운했구나, 충분히 서운할 만하네.'

화가 나는 마음을 인정해주고 가만히 안아주었다. 지끈지끈 아팠던 두통이 가라앉았다.

'그래! 이왕 하는 거 사랑하는 가족을 위해서 기꺼이 하자.'고 마음을 고쳐먹자 마음이 한결 가벼워졌다. 여행용 가방을 정리하고 빨랫감을 세탁기에 넣고 소파에 앉아서 TV를 켜고 나만의 휴식을 누렸다.

가끔은 여자라는 직함이 버거울 때가 있다. 여자니까 해야 한다는 생각으로 과도한 책임감을 느낄 때는 더욱 그렇다. 이때는 책임감을 잠시 내려놓아도 좋다. '여자니까'라는 생각에서 벗어나보자. 그리고 잠시 멈추어서 자기 마음을 알아주지 않는 가족에 대한 서운한 마음을 토닥여주자. 이때 중요한 것은 마음을 있는 그대로 읽어 주는 것이다. 이 글을 읽는 독자 중에 여자니까라는 과도한 책임감을 느끼고 있다면 다음 질문에 답하면서 내려놓음과 인정하는 연습을 해보길 바란다.

여자의 감정청소

TIP 질문을 통한 연습

Q. 여자로서 내가 해야만 하는 일은 무엇이라고 생각하는가?

....

Q. 이 일을 할 때 어떤 생각과 감정이 올라오는가?

....

Q. 책임을 다하려는 나는 어떤 사람인가?

....

Q. 가족에게 듣고 싶은 말이 있다면 무엇인가?

....

Q. 내가 가장 듣고 싶은 말을 자신에게 들려주고 애쓰고 있는 자신을 인정
하자.

....

Q. 가족에게 요청하고 싶은 것은 무엇인가 적어보자. 적고 나서 어떤 생각
과 느낌이 드는가?

....

....

자신에게 친절하라

사장님 제발 소리 지르지 마세요

식당을 운영하는 영미 씨는 친절하고 정이 많은 사람이다. 평소에는 인심 좋은 사장님이지만 기분이 좋지 않은 날엔 손님들도 긴장할 만큼 큰 목소리로 인해 식당 분위기는 살벌해진다. 주방에 있는 영미 씨가 홀에서 일하는 직원에게 말할 때 자기 말을 못 알아들으면, 그녀는 언성부터 높였다. 말이 빨라지면서 격앙된 말투는 무슨 말인지 알아들을 수가 없다. 이런 날에는 손님들조차 숟가락 놓는 것도 조심스럽다.

"사장님 제발 소리 좀 지르지 마세요. 손님 다 떨어지겠어요."

"그러니까 한번 말하면 알아들어야지."

"손님이 너무 많아서 시끄러워서 잘못 알아들을 수도 있죠. 그냥 다시 한번 말하면 되지 왜 그렇게 소리를 지르세요? 손님들이 뭐라 하잖아요. 사장님 무슨 안 좋은 일 있냐고…."

이십 년 전 영미 씨는 택시를 운전하는 사람과 결혼했다. 남편은 영미 씨의 말을 무시하기 일쑤였다. 쉬는 날에는 집에 친구들을 데리고 와서 밤새 고스톱을 쳤다. 단칸방에 어린아이까지 있다 보니 남편의 행동이 마음에 들지 않았고 원망스러웠다. 남편에게 힘들다고 푸념을 하지만 허공에 울리는 메아리였다. 어려운 살림에 밤낮으로 뜨개질하며 구슬꿰기를 하느라 허리 한 번 제대로 펴본 일이 없었다. 어쩌다 남편에게 속에 있는 말을 하면 핀잔을 듣기 일쑤였고 듣고 싶지 않은 잔소리까지 들어야 했다. 그럴 때마다 화가 나고 원망 섞인 말이 목구멍까지 올라왔지만 큰 싸움으로 번질까 두려워 꾹 참았다.

음식솜씨가 좋았던 영미 씨는 나이를 먹어 작은 식당을 차렸다. 주방에서 음식을 만들면서 홀에 있는 직원이 자신의 말을 잘 못 알아듣거나 시키는 일을 제대로 하지 않으면 손님들이 있든 말든 목소리를 높였다. 그러다 보니 직원이 자주 바뀌었고 사람들과 편한 관계를 맺는 것이 힘들어졌다. 그런 자신이 마음에 들지 않았지만 해결할 방법을 찾지 못했다.

내 안의 상전과 하인

게슈탈트 심리치료 용어 중에 '상전과 하인Top dog & Under dog'이 있다. 양반제도가 있던 과거에 노비들은 가혹한 상전 밑에서 사람 취급을 못 받고 상전의 명령에 복종해야만 했다. 과중한 노동에 시달리면서도 아무 말 못 하고 혹사당한 일이 많았다. 게슈탈트 이론에 의하면 우리 내면에도 상전과 하인이 있어서 상전이 명령하면 하인은 빠르게 명령에 복종한다고 한다. 영미 씨가 자기 생각을 차분하게 말하기 전에 입 밖으로 큰 소리가 먼저 나오는 이유가 여기에 있다. 불편한 상황이 벌어지면 내면의 상전은 큰소리치라고 명령하고 하인은 상전의 목소리에 습관적으로 반응했다.

말은 다양한 스펙트럼을 가지고 있다. 대상과 장소에 따라 적절한 말과 그렇지 못한 말이 있다. 자기를 사랑하고 스스로 친절한 사람은 자신과 상대방에게 상처 주는 말을 하지 않는다. 이들은 갈등을 좋아하지 않기 때문에 피하려는 경향성을 나타낸다. 그렇지만, 내면에 상처가 많은 사람은 불편하거나 좋지 않은 감정을 그대로 드러내기 때문에 종종 갈등을 일으키게 된다. 하지만, 자신에게 친절한 사람은 생각이나 의견을 말할 때 차분하게 말하고 속도가 안정되어 있다.

자신에게 친절한 사람이 되자

'데이 셔퍼트'라는 사람이 쓴 〈세 황금문Three Golden Gates〉이라는 글이 있다. 그는 무슨 말을 하려고 할 때 황금처럼 소중한 세 개의 문을 통과하라고 이야기한다.

첫 번째 황금문은 '진실을 말하라'이다. 대화의 메커니즘을 살펴보면 어떤 이야기를 들었을 때 100% 있는 그대로 듣는 것은 불가능하다. 상대방의 말을 듣고 이해하는 과정에서 자기 경험, 감정, 기억, 지식, 신념, 태도가 개입하면서 삭제, 왜곡, 일반화시키는 과정을 통해 듣고 싶거나 관심 있는 내용, 또는 일부만 듣기 때문이다. 진실을 말하게 되면 자기 멋대로 생각하거나 해석하지 않아서 불필요한 오해를 사는 일이 없다.

두 번째 황금문은 '이것이 꼭 필요한 말인가?'이다. 누군가를 판단하는 말, 비아냥거리는 말, 탓하는 말, 노골적으로 가르치려는 말은 필요하지 않은 말이다. 때때로 이런 말들은 상대방에게 상처를 준다. 지금 내가 하려는 말이 필요한 말인가를 생각해야 하는 이유가 여기에 있다.

세 번째 황금문은 '친절한 말인가?'이다. 내 말을 듣고 있는 사람의 상황을 살피지 않고 본인 처지에서만 하는 말은 폭력이 될 수도 있다. 말하기 전 생각하며 말하는 지혜가 필요하다. 내 감정을 전달하기 위해 하는 말인지 상대방에게 상처를 주기 위해 하는 말인지 고려해야 한다.

영미 씨는 남편과의 갈등 속에서 자신을 제대로 돌보지 못했다. 울분과 분노를 해소하지 못해 쌓인 내면의 상처가 공격적인 말투로 나타난 거다. 영미 씨가 친절하고 인심 좋은 사장님이 되려면 먼저 자기 자신과 관계를 잘 맺어야 한다. 그러기 위해서는 자기에게 친절 해야 한다. 본인의 감정을 살피고 헤아릴 필요가 있다. 자신에게 친 절한 사람은 다른 사람의 말이나 태도에 휘둘리지 않고 자기를 존중 하며, 상처 주는 말을 하지 않으려 노력한다. 상대방의 입장을 고려 한다. 그리고 마음에서 들리는 소리에 집중한다. 자신의 욕구를 알아 차리고 말을 했을 때의 유익을 생각하고 말한다.

지금 하려는 말이 자신과 상대방에게 어떤 영향을 미칠 것인가? 그것을 생각한 후 어떤 말을 할지 결정한다. 예의를 중시하는 사회에 서 우리는 어릴 때부터 타인에 대한 친절 교육을 받았지만, 사실 그 보다도 중요한 건 자신에 대한 친절이다. 스스로 물어보자. 나는 나 에게 얼마나 친절한지. 내 감정과 욕구를 얼마나 존중하며 사는지. 그럴 때 타인도 존중하는 사람이 될 수 있다.

힘든 감정은
글쓰기로 풀어라

사춘기 vs 갱년기

오늘도 승미 씨네 집은 전쟁터를 방불케 한다. 아이들 학교 보내랴, 설거지하랴, 출근 준비하랴 정신이 하나도 없다. 이런 와중에 남편까지 한 몫 거든다.

"거실 꼬락서니가 이게 뭐야!"

"거실이 뭐? 당신이 좀 치우면 되잖아."

"엄마!"

"엄마 귀 안 먹었어. 한 번만 불러 왜?"

"됐어."

"왜? 뭔데?"

"됐다고!"

'쾅' 하는 소리와 함께 인사도 없이 쌩하고 나가버리는 딸을 보자

'저놈의 성질머리하고는. 누굴 닮아서' 튀어나오는 말을 삼키며 남편 뒤통수를 째려본다. 평소 같으면 그냥 넘어갈 법도 한데 요즘 들어 사소한 일에도 짜증이 나고 어디론가 훌쩍 떠나고 싶다는 생각으로 머릿속이 꽉 차 있다. 이런 일이 있을 때마다 자신도 모르게 한숨이 나오고 아무것도 하기가 싫어진다. 남편이 도와주면 좋으련만, 남편과 애들은 집안일에 관심도 없다. 한소리 하고 싶지만 '해본들 뭐 하랴, 보나 마나 내 탓을 할 텐데' 한다. 거실 바닥에 있는 남편의 와이셔츠를 냅다 걷어찼지만 시원하지 않다.

"승미 씨, 그거 알아?"

"뭘?"

"요즘 툭하면 한숨 쉬더라. 왜 그래? 무슨 일 있어?"

"내가 그랬어? 그러게 요즘 이유 없이 짜증이 나고 모든 게 귀찮네. 아무도 없는 곳에 가서 혼자 살고 싶어."

"갱년기인가 보다. 나도 가끔 그런 생각을 할 때가 있어."

동료에게 '갱년기가 와서 그래'라는 말을 듣고 보니 갑자기 억울한 생각이 든다. 오늘 아침 딸의 행동과 남편이 한 말이 밤송이가 툭 하고 떨어지면서 가시가 콕콕 박힌 것처럼 아파져 온다. 딸은 사춘기가 되면서 거침없이 하고 싶은 말을 쏟아 놓는다. 그런 딸을 보면서 생각한다.

너는 좋겠다, 사춘기라서. 오죽하면 너희들이 무서워서 북한의 김정은이 못 쳐들어온다는 말이 생겼을까. 사춘기라는 이유로 모든 행동을 정당화하는 딸의 모습이 부럽기만 하다.

혼자만의 공간이 필요하다

그녀는 사춘기를 모르고 살았다. 그때가 사춘기였나? 문득 중학교 다닐 때가 떠오른다. 중학교 2학년 때였나 보다. 자신만의 방을 갖고 싶었던 적이 있다. 부모님과 미닫이문을 하나 두고 지내다 보니 아무 때나 문을 열고 들어오는 아버지 때문에 승미 씨는 모든 생활이 노출되어 있었다. 무서운 아버지에게 방에 들어올 때 노크 좀 해달라는 말을 하는 것은 상상조차 할 수 없는 일이었다.

고민 끝에 집 한쪽에 허청나무를 쟁여놓는 공간 옆에 낡아서 지금은 아무도 쓰지 않는 방을 써야겠다고 생각했다. 그 방은 승미 씨가 아주 어렸을 때 세를 내주었던 곳으로 방이라고 하기엔 너무 초라하고 여기저기 벽지가 찢어지고 벽도 조금 허물어져서 사용할 수 없는 공간이 된 지 오래지만 자기 방이 생긴다는 사실에 찢어진 벽지 따위는 아무것도 문제가 되지 않았다. 태어나서 처음으로 자기만의 공간이 생긴 것이다. 그곳에서 승미 씨는 사춘기를 보냈다.

승미 씨는 지금도 스트레스가 심하거나 힘든 일이 있을 때마다 혼자만의 공간을 찾는다. 남편은 그런 승미 씨가 이해가 되지 않는다면서 되려 승미 씨에게 큰소리를 쳤고 승미 씨를 우울감에 빠뜨렸다. 남편에게 듣고 싶지 않은 말을 들을 때마다 위축되는 자신이 싫었지만 헤어나오기란 더더욱 쉽지 않다. 이럴 때마다 한숨을 쉬는 횟수가 늘어났고 혼자 살고 싶다는 생각에 사로잡혀 고민은 깊어갔다.

우울증을 유발하는 우울감은 스트레스와 치유되지 않은 마음의 상처에서 온다. 스트레스가 오랫동안 지속되면 에너지는 바닥나고 움직일 힘을 빼앗긴다. 제때 치료하지 않은 상처는 덧나서 진물이 나고 낫기까지 오랜 시간이 걸린다. 승미 씨가 지금 느끼고 있는 우울이라는 감정이 그렇다. 가족이 자신의 말을 무시한다고 생각이 들거나 자기 마음을 알아주지 않으면 서운함에 사무쳤다. 아버지가 방문을 마음대로 열고 잔소리하는 모습, 아무런 말대꾸도 못 한 힘없는 자신이 떠오르면서 우울감에 사로잡혔다.

사춘기 딸을 부러워만 해서는 안 된다. 자신의 속마음을 누군가에게 털어놓아야 한다. 그런 상대가 없다면 글을 쓰는 것도 좋은 방법이다. 힘든 감정이 올라올 때 글을 쓰면, 내 감정을 객관적으로 바라볼 수 있게 되고 '그렇구나'라고 끄덕이게 된다. 우울한 감정을 일으키는 상황을 피하지 않고 바라보자. 무슨 일이 있었지? 내 마음이 어땠지? 스스로 묻고 답하며 글을 이어가다 보면, 고통스럽게 느꼈던

감정 위에 올라설 수 있다. 그리고 아무에게도 하지 못한 이야기들을
노트에 끄적여 보자. 노트가 채워질수록 아물지 않은 상처에 딱지가
생긴다. 어느새 딱지가 떨어지고 나면 새 살이 돋아난다.'

어린 시절
힘든 나를 만나다

아빠에게 배웠어요

"안녕하세요? 진영이 어머님. 진영이가 학교에서 문제 행동을 보여서 부모님 상담이 필요한데 학교에 내일 학교에 오실 수 있으세요?"

민경 씨는 진영이 담임 선생님한테 전화를 받았지만 아무런 느낌이 없다. 학교에서 아이 문제로 전화가 오면 대부분 엄마는 걱정이 돼서 안절부절못하는데 민경 씨는 대수롭지 않은 듯 10개월 된 셋째를 돌보느라 정신이 없다. 아이를 재우고 남편에게 전화를 걸었다.

"진영이 학교에서 부모 상담 오래."

"또 왜? 그리고 그런 일은 당신이 알아서 하면 안 돼? 원주에 있는 거 뻔히 알면서 나한테 전화를 하면 어떻게 해? 주말에 집에 가니까 집에 가서 얘기해. 바쁘니까 끊어!"

"…"

학교가 끝나고 진영이가 집에 왔지만 민경 씨는 아무런 말도 하지 않는다. 진영이 역시 엄마에게 다녀왔다는 말 한마디 없이 핸드폰을 들고 자기 방으로 들어갔다. 아이의 문제 행동에 대해 학교에서 전화가 온 게 이번이 처음이 아니지만, 혼자서 아이 셋을 돌봐야 하는 상황에서 한두 번도 아니고 학교생활까지 신경을 쓰는 게 버겁기만 하다.

"진영이가 수업시간에 친구들을 건들고 욕을 해요. 하지 말라고 하면 일어나서 벽을 치고 다니고, 책상에 가만히 앉아 있지 않아서 수업시간에 방해가 많이 됩니다. 집에서는 어떤가요?"

"집에서는 잘 지내고 있어요."

"아빠랑은 어때요?"

"아빠는 집에 없어요. 3개월에 한 번씩 와요."

"아 그래요. 어머님께서 매우 힘드시겠네요. 진영이 동생이 2학년이죠? 셋째도 있고, 혼자서 애 셋을 키우시려면 정말 힘드실 텐데 어떠세요?"

"괜찮아요. 애들이 자기들끼리 잘 놀아요."

선생님은 진영이가 아빠에게 욕을 배웠다면서 자신이 욕하는 건 아빠 때문이라고 했으며, 진영이는 동영상을 보거나 게임을 하는 시간 외에는 수업에 전혀 집중하지 못한다고 했다. 가만히 생각해 보니 집에서 진영이한테 아빠나 엄마가 좋은 말을 한 기억이 없다. 석 달에 한 번씩 오는 남편은 아이들과 놀아주기는커녕 오랜만에 집에 왔으니 쉬어야 한다며 술 먹고 온종일 잠만 잔다. 아이들이 떠들면 조용히 하라며 윽박지르거나 입에 담지도 못할 욕을 했다. 그런 남편이 미워 한마디 하고 싶지만, 괜히 말했다가 일이 더 커질까 봐 입을 닫았다. 남편이 와도 편하게 쉴 수 없는 현실이 원망스럽기까지 하다 보니 그동안 쌓인 스트레스를 어린 아들에게 푸는 날이 많았다.

아이와 부모의 정서적 유대감이 중요하다

원숭이 애착 실험으로 유명한 미국의 심리학자 해리 할로Harry Harlow 박사는 갓 태어난 새끼 원숭이를 출생 직후 어미 원숭이와 분리한 후 한 가지 실험을 했다. 어미 원숭이 모형을 철사로 만들었다. 한 원숭이 모형에는 전체를 부드러운 천으로 덮어 감싸두었다. 다른 모형은 철사로 만든 어미 원숭이에 젖병만 두고 새끼 원숭이가 어느 곳에 머무는지 관찰했다. 실험 결과 새끼 원숭이들은 젖을 먹는 시간 외에는 대부분 부드러운 천으로 만든 원숭이 모형에서 지냈다. 할로 박사는 이 실험을 통해 엄마와의 정서적 유대감과 애착은 단순한 영양 공급만으로는 형성되지 않는다는 것을 발견했다.

최근 많은 연구 결과에서 정서의 중요성을 강조한다. 연구 결과에 의하면 부모와 긍정적 상호작용이 정서적 유대감을 형성하는 데 중요하며, 특히 어린아이일수록 더욱 그러하다. 정서적 유대감은 부모가 정서적으로 안정되어 있을 때 아이도 안정감을 느끼는 것을 말한다. 최성애, 조벽 교수의 저서《정서적 금수저와 정서적 흙수저》에서 인생의 성공과 행복은 어떤 관계 속에서 양육되느냐가 중요하다고 하였다. 이는 경제적 부를 말하는 게 아니라, 아이가 좋은 양육환경과 건강한 관계 속에서 자라도록 하는 것이 중요하다는 의미다.

민경 씨는 어린 나이에 결혼했다. 결혼하고 얼마 되지 않아 남편과 떨어져 살게 되었다. 부모님이 일찍 돌아가셔서 외롭게 자란 탓에 남편과 떨어져 지내는 것이 힘들고 싫었지만 있을 곳이 마땅치 않은 남편을 따라가는 것은 현실적으로 불가능했다. 어린 시절 외롭게 자라서 결혼하면 아이를 많이 낳아서 잘 기르고 싶다고 꿈꿨지만, 혼자서 셋을 키우는 것이 힘들고 버겁게만 느껴졌다. 남편에게 도와달라는 말을 할 때마다 되려 자기를 이해해주지 않는다며 화를 내는 남편의 모습에 마음을 닫아 버렸다. 그렇게 민경 씨는 힘든 자신의 마음을 돌보지 않았고 아이들에게 좋은 엄마가 되겠다는 꿈과는 다르게 아이들을 함부로 대하고 있었다.

진영이뿐만 아니라 엄마인 민경 씨도 정서적 안정감과 지지가 필요한 상황이다. 부모가 심리적으로 안정되어 있어야 부모 역할을 잘 수행할 수 있다. 다행히도 민경 씨가 다니는 교회에 심리코칭센터를 운영하는 분이 계셔서 도움을 받을 수 있게 되었다.

코칭을 받으면서 어린 시절 사랑받지 못한 어린 민경이의 마음을 만나고 보듬어 주면서 좋은 엄마가 되고 싶어 했던 꿈을 다시 찾을 수 있었다. 자신이 힘들다는 이유로 아이들을 내버려두거나 함부로 대하면 안 된다는 것과 남편이 없어도 스스로 마음을 알아주고 다독여주는 방법을 배웠다. 다행히 자신의 결핍을 아이들에게 풀지 않고 아이들이 자신이 경험한 아픔을 겪지 않도록 긍정적인 관계를 만들어 가는 방법을 배우면서 조금씩 나아지고 있다.

여자의 감정청소

불안하고 화가 날 때
호흡을 하자

주의가 산만한 아이를 달래다

장례식장에서 4살짜리 아이를 만났다. 아이는 잠시도 가만히 있지 않고 이곳저곳을 뛰어다니며 소리를 질러댔다. 장례식장 안에 있던 조문객들이 눈살을 찌푸리며 아이와 아이의 엄마를 쳐다보았다. 아이는 엄마의 만류에도, 주변 사람들의 눈총에도 아랑곳하지 않고 더욱더 큰 소리를 질렀다. 엄마가 혼을 내자 큰 소리로 웃으며 그 상황을 외면하려고 애썼다.

한참을 지켜보다가 안 되겠다 싶어 아이 엄마에게로 갔다. 잠시 아이와 이야기해도 되겠냐고 허락을 구한 후, 방으로 데리고 갔다. 아이를 붙잡고 눈을 마주치며 조용하고 부드럽게 상황에 관해 설명했다. 하지만 아이는 막무가내로 "엄마~ 엄마~" 하고 큰 소리로 엄마를 불렀다.

아이는 나와 전혀 눈을 마주치려 하지 않았고, 벗어나기 위해 발버둥을 치며 소리를 질렀다. 계속해서 엄마를 찾았지만, 미리 말해두었기에 아이 엄마는 그 자리에 오지 않았다. 발버둥 치는 아이의 두 팔을 잡고 아이가 진정되기를 기다렸다. 그사이 나는 숨을 천천히 고르고 깊게 들이쉬고 내쉬기를 반복했다. 3분 정도 시간이 흐른 후 아이의 거친 호흡이 잦아들었다.

"선생님, 나 엄마한테 갈래요."

"엄마한테 가고 싶어요?"

"네. 나 엄마한테 갈래요."

"지훈이가 엄마한테 가고 싶구나. 엄마한테 가고 싶은데 선생님이 잡고 있어서 많이 놀라고 당황스러웠지?"

"네."

"지훈아, 이제 선생님이 이야기해도 될까? 이야기가 끝나면 엄마한테 데려다줄 거야. 알겠지?"

"네. 선생님 말씀 잘 들으면 엄마한테 데려다줄 거예요?"

아이의 호흡이 안정되어 있었다. 지훈이의 눈을 부드럽게 바라보았다. 이곳이 어떤 곳이며 큰 소리를 내며 여기저기 뛰어다니면 안된다고 차분하면서도 단호한 어조로 아이에게 말했다. 그 뒤로 아이는 얌전해졌고 조용히 놀았다. 지훈이 엄마는 다른 사람의 말을 전혀 듣지 않던 아이가 잠깐 나를 만난 뒤로 말을 잘 듣는 모습을 보고 깜짝 놀랐다며 아이의 성장 과정을 이야기해주었다. 아빠가 아이를 자주 때렸고, 지훈이는 그런 아빠가 무서워서 아빠를 보면 숨거나 도망 간다고 했다.

엄마는 아이와 정서적으로 연결되어 있다

지훈이 엄마는 임신한 상태로 결혼했다. 하지만 결혼 생활은 행복하지 않았다. 결혼 후 3개월이 지나서 남편이 직장을 그만두었고 남편과 다투는 일이 많았다. 지금은 남편과 떨어져 지낸다. 혼자서 아이를 키우다 보니 신경이 예민해지고 감정 기복이 심해, 아이가 산만한 게 아닌지 불안해했다.

엄마는 아이와 정서적으로 연결되어 있다. 임신했을 때부터 엄마의 감정에 영향을 받는다. 엄마가 불안해하면 태아는 불안감을 느끼고, 엄마가 웃거나 행복하면 태아도 웃는다. 엄마의 생각과 에너지가 고스란히 아이에게 전달되기 때문이다.

지훈이는 주의가 산만한 아이다. 여기저기 안 다니는 곳이 없으며 기분이 안 좋으면 장소에 상관없이 울고 떼쓰고 소리를 질렀다. 이런 경우 아이를 조용한 곳으로 데리고 가서 훈육하는 게 일반적이지만, 지훈이 엄마는 그러질 않았다. 기분이 좋을 때는 아이의 뜻을 다 받아주었지만 우울하거나 짜증이 날 때는 "가만히 좀 있어. 너 때문에 못 살아. 창피해 죽겠어"라는 말로 아이에게 상처를 주고 감정을 억압했다.

감정이 요동칠 때 힘을 빼고 호흡해보자

어린 시절 부모에게 감정적으로 존중받지 못하고 자란 탓에 자신의 마음을 돌보는 법을 배우지 못했다. 엄격하고 무서운 아버지와 기분 내키는 대로 자신을 대했던, 닮고 싶지 않았던 엄마 모습을 그대로 지훈이에게 재현하고 있었다. 부모로부터 적절한 지지와 격려, 인정을 받은 경험이 부족하다 보니 아이의 마음을 어떻게 대해야 하는지 알지 못했다. 원인을 알 수 없는 불안이 수시로 찾아와 관계를 힘들게 했다. 아이를 정말 예뻐하면서도 욕구가 충족되지 않으면 큰 소리로 아이를 윽박지르고 기분이 좋아지면 미안하다며 사과했다. 엄마가 물었다.

"선생님, 어떻게 하셨어요? 지훈이가 저렇게 얌전한 아이가 아닌데…."

감정이 요동치는 것은 큰 파도가 밀려오는 것과 흡사하다. 파도 속에 허우적대거나 가라앉지 않으려면 파도에 몸을 맡기면 된다. 이제 파도는 더는 두려운 존재가 아니다. 이때 중요한 것은 몸에 힘을 빼는 것이다. 그리고 호흡에 집중하면 된다. 감정적으로 불안하거나 요동칠 때, 올라오는 화를 주체할 수 없을 때 몸의 힘을 빼고 호흡해 보자.

이 방법은 아주 간단하지만 강력한 힘을 가지고 있어서 강한 감정을 진정시키는 데 매우 유용하다. 심장에 집중하면서 고르고 깊게 숨을 들이쉬고 내쉬다 보면 안정 호르몬DHEA이 분비되면서 마음이 차분해진다. 그리고 자신의 욕구와 감정을 알아차리고 머물다 보면 주변을 제대로 바라볼 수 있는 상태가 된다.

내 의견을 말할
용기가 필요해

수돗가에서 되새긴 아픔

결혼하고 얼마 되지 않아 시아버님의 환갑잔치가 열렸다. 지금은 환갑이 아니라 팔순 잔치를 하지만 20여 년 전만 해도 환갑잔치는 당연히 치러야 하는 가족 행사였다. 갓 시집온 나는 온갖 심부름을 하며 시골집 뒷마당과 집안을 온종일 이리저리 뛰어다니며 손님 접대에 정신이 없었다. 밤 10시가 조금 넘은 시각 손님들이 모두 돌아가고 방안에선 가까운 친지들이 모여서 왁자지껄 떠들며 여흥을 즐겼다.

결혼한 지 얼마 되지 않아 시댁 어르신들이 낯설고 어울리기가 힘들었던 나는 뒤편에 있는 수돗가로 향했다. 온종일 손님들을 대접했던 그릇들이 엄청난 산이 되어 나를 기다렸다. 누구 하나 도와주는 사람이 없어서 혼자서 그 많은 그릇을 닦느라 애를 쓰고 있는데 등 뒤에서 나를 부르는 소리가 들렸다.

여자의 감정청소

"야, 너 이리 와봐."

"나는 네가 싫어. 네가 이렇게 아무리 애를 써도 소용없어."

갑자기 다가와서 건넨 차갑고 강한 말투에 아무런 말도 못 하고 듣기만 했다. 손위 시누이였다. 그 말을 남기고 돌아서는 그녀의 입에서는 술 냄새가 진동했다. 싸늘하고 무표정한 얼굴은 나를 얼어붙게 했고, 쏘아대는 말투는 귓가에 계속 맴돌았다. 산더미처럼 쌓인 그릇들을 씻고 또 씻으면서 쉼 없이 흐르는 눈물을 수돗물에 흘려보냈다.

그날 이후로 나의 마음은 굳게 닫혔다. 캄캄한 밤, 아무도 없는 수돗가에서 올라오는 분노와 억울함을 씻겨 보내려 애를 썼지만 허사였다. 무서움과 서운함, 원망, 불편함, 억울함. 어린 며느리는 점점 주눅이 들었고 시댁 식구들이 있는 곳에 가길 피하게 됐다.

내가 못나서,
내가 부족해서,
내가 못생겨서,
내가 못 배워서.

아주 오래전 나를 힘들게 했던 부정적 생각들이 쓰디쓴 아픔으로 되돌아왔다. 아무 말도 하지 못하고 가슴을 후벼 파는 말을 고스란히 듣고만 있던 어린 나. 힘없는 자신을 원망하면서 모진 말을 쏟아냈다.

자신을 힘들게 했던 감정과 대화하기

'그동안 힘들었지?'

'생각지도 못한 말을 들어서 깜짝 놀랐겠다. 시누이한테 말대꾸도 할 수 없는 상황이라 답답했겠다. 누구 하나 도와주는 사람 없이 그 많은 설거지를 하는 모습을 보고 애쓴다고 말하기는커녕 영문도 모른 채 그런 말을 들었으니 얼마나 속이 상하고 어이가 없고 억울했을까. 정말 속상했겠다.'

자신을 힘들게 했던 감정과 대화를 하는 것은 생각보다 쉽지 않다. 하지만 대화를 마치고 나면 마치 한겨울에 꽁꽁 얼어붙은 호수가 녹기 시작한 듯 위로가 된다. 이때 필요한 것이 '용기'다. 불편한 무언가와 마주하는 힘이다. 상처받은 마음을 대면하기는 쉽지 않다. 강한 감정일수록 더 큰 용기가 필요하다. 자신을 힘들게 하는 감정을 마주하려면 먼저 자신을 용서해야 한다. 아무 말도 하지 못하고 듣고만 있던 자신을 원망하거나 비난하지 말고 위로하고 인정하는 말을 해줘야 한다.

감정코칭 교육에 참여한 분이 나에게 묻는다.

"감정과 대화하는 게 뭐예요? 감정은 감정이지 무슨 대화. 대화한다고 뭐가 달라지나?"

맞다. 감정은 감정이다. 그러나 감정은 우리 삶에 지대한 영향을 미친다. 감정은 자기 자신과 관계 맺기를 하는 데 중요한 역할을 한다. 그리고 타인과 관계 맺기에도 영향을 미친다. 그 일을 겪고 나서 한참 동안 시누이와 마주치는 것이 두렵고 무서웠다. 함께 있거나 목소리를 듣는 것조차 힘들어 아이들을 돌봐야 한다는 핑계를 대고 시누이가 있는 곳을 피해 방으로 들어갔다.

아픈 감정을 마주하다 보면 불안하고 초조한 자신이 불쌍해 보인다. 그 순간 느끼는 감정과 그런 모습을 있는 그대로 수용해보자. 마음속에서 들려오는 작은 목소리에 귀를 기울이게 된다. 그제야 비로소 감정과 생각을 분리할 수 있다. 내 탓으로 돌리려는 생각이 들 때마다 '너한테 하는 소리가 아니야. 저 사람이 느끼는 감정일 뿐이야'라고…. 그러고 나면 마음이 한결 편안해진다. 그동안 나를 움츠러들게 했던 것은 그 사람의 말이 아니라 그 말에 대해 내가 느낀 생각과 감정임을 알게 된다.

그제야 비로소 자신을 온전히 바라보고 인정하는 힘이 생긴다. '그래. 나는 나야. 저 사람이 무슨 말을 하든 그건 그의 생각일 뿐이야.' 그 후 시누이에 대한 불편한 마음이 다 해소된 건 아니지만, 시누이를 마주하고 내 의견을 말하는 용기가 생겼다.

비밀의 방으로 들어가라

남편과 아이가 있어도 외로울 때가 있다

결혼 전 유치원 교사로 근무했다. 아이들을 많이 좋아했던 나는 교사로 근무하면서 정말 행복했다. 결혼하자마자 직장을 그만두고 남편이 하는 일을 도왔다. 15년 동안 24시간을 같이 일하면서 남편이 하는 일을 돕다 보니 친구를 사귈 수 있는 시간이 없었다. 아이들이 어렸을 때 자모로 활동했지만, 엄마들과 함께 차를 마시거나 수다를 떠는 시간조차 허락하지 않았다. 누가 강요한 것도 아닌데 책임감이 강했던 나는 교실 청소가 끝나면 곧바로 일터로 향했다. 그렇게 15년 이란 시간이 흘렀다.

일하면서 힘들거나 속상한 일이 있을 때마다 마음속에 쌓아놓는 버릇이 생겼다. 친구라도 있었다면 수다 떨면서 속상한 마음을 털어 놓았을 텐데…. 속마음을 이야기할 사람이 남편밖에 없었던 나는 자주 외롭다고 이야기했다. 그러나 이과생으로 논리적 사고를 하는 남편은 나의 마음을 이해하지 못했다. 외롭다고 말할 때마다, 침묵으로 일관하거나 무시했다. 시간이 지나면서 외로움은 나의 마음속 깊은 곳에 자리 잡았다.

남편이 원망스러웠다. 친구가 없다고, 외롭다고 말해도 남편은 그냥 지나쳤다. 문득문득 알 수 없는 감정이 찾아왔다. 아무것도 하고 싶지 않았다. 일도 하기 싫고 살고 싶지 않은 생각마저 들었다. 아마도 외로움이 더는 견딜 수 없어서 자신 좀 알아달라고 투정 부렸나 보다. 하지만, 그럴 때마다 '먹고살기 바쁘니까 너를 만날 시간이 없어. 투정 좀 그만 부려'라며 외로움을 돌려보냈다.

하나의 방문을 열고 들어가면 방에 있는 것들이 한눈에 들어올 법도 한데 또 다른 방이 거듭거듭 이어진다. 감정이라는 방도 그렇다. 외로움이라는 방문을 열면 슬픔, 보고 싶음, 그리움, 짜증, 분노… 등 또 다른 방들이 줄지어 나타난다. 마치 미로 속에 들어온 것 같다. 방문을 하나하나 열다 보니 머릿속이 혼란스러워진다. 비밀의 방문을 살며시 열었다. 호기심 어린 눈으로 이 방 저 방을 기웃거린다. 하나의 방문 앞에 멈춰 섰다. 문을 지그시 밀었다. 무언가가 안에서 잡아당기기라도 한 듯 나도 모르게 빨려 들어갔다. 점점 더 깊은 곳으로…. 정신을 차리고 빠져나오려고 애를 써보지만, 생각처럼 쉽지 않다. 목소리가 들려왔다.

"나 외로워."

"갑자기 무슨 소리야? 네가 애들이 없니? 남편이 없니? 복에 겨웠

구먼."

"…"

외롭다고 말할 때마다 들었던 소리가 들려온다. 말대꾸하지 않았다. 아니 말을 하고 싶지 않았다. 서운함이 불쑥 고개를 내민다. 서운한 마음을 삭이며 또 다른 방으로 들어갔다. 들어서자마자 이유를 알수 없는 먹먹함이 올라온다. 잠시 뒤 무언가가 볼을 타고 내려온다. 마음이 복잡하다. 뭐지? 뭔데? 왜 그래? 저 깊은 곳에서 울부짖는 소리가 들려온다. 나 외롭다고! 외로워서 미쳐버릴 것만 같다고. 무정하게 돌려보낸 외로움은 눈물이 되어 흘렀다. 자신을 외면하지 말라는 신호를 보내고 있었다.

억눌러버린 감정을 만나야 하는 시간

우리가 의지적으로 방안에 가둔 감정들이 더는 버틸 힘이 없을 때몸으로 반응한다. 눈물일 수도 있고, 이유 없이 찾아오는 두통 혹은몸 이곳저곳에서 알 수 없는 통증으로 나타나기도 한다. 이러한 신호를 내버려두면 안 된다. 잠시 멈추어 서서 '후!' 하고 숨을 크게 내뱉자. 제대로 숨이 안 쉬어질 수 있다.

이 순간이 바로 무시하고 억눌러버린 감정을 만나야 하는 시간

여자의 감정청소

이다. '네가 많이 외로웠구나. 정말 많이 힘들었구나' 부드럽고 따스한 음성으로 위로를 건네주자. '속상했겠다. 힘들 때 속 시원히 털어놓을 수 있는 친구라도 있었으면 좋았을 텐데…. 정말 많이 힘들었겠다.' 위로의 말을 해주자. 그리고 잠시 그동안 힘들었을 자신을 포근하게 안아주자.

엄마로, 아내로 살다 보면 순간순간 올라오는 감정을 지나쳐 버리는 경우가 많다. 힘든 감정이 올라올 때 마음속에 비밀의 방을 만들어 보자. 비밀의 방은 처리되지 못한 감정을 잠시 보관하고 만나고 싶을 때 찾아갈 수 있는 마음의 공간이다. 지금 이 글을 읽는 독자 누군가도 나와 같은 상황을 겪을 수도 있다.

그런 상황이라면 마음속 비밀의 방문을 열고 올라오는 감정들을 하나씩 들여보내자. 엄마, 여자, 며느리로 산다는 것은 쉽지 않은 여정이다. 힘든 여정 속에 가끔 비밀의 방으로 들어가서 혼자만의 시간을 가져보라. 그 안에서 그동안 만나주지 못했던 자신의 감정을 만나보자. 그리고 인정해주자. 다른 사람이 아닌 스스로 자신을 인정해주는 것만으로 어느 정도 위안을 받을 수 있다.

때로는 불편한 감정을 만나는 것이 두려울 수 있다. 그럼에도 불구하고 용기를 내보자. 한 걸음씩 천천히 들어가다 보면 따뜻하고 포근한 공간에서 자신을 안고 있는 모습을 만나게 될 것이다. 어느 순간 외로움에서 벗어난 나를 만나게 될 것이다.

어린 시절
채워지지 않은 욕구를
들여다보아라

딸에게 문제가 있다는 엄마의 하소연

한 엄마가 딸의 감정 코칭을 의뢰했다.

"선생님, 우리 애 때문에 속상해 죽겠어요. 고집이 너무 세서 제가 정말 힘들어 죽겠어요."

딸은 초등학교 5학년으로 주말에 친구들과 시내에 나가기를 원했다. 보호자 동행 없이 시내에 가는 건 위험하다고 만류했지만, 딸은 막무가내로 짜증을 내고 소리를 지르면서 거부했다.

"무슨 일 때문에 그러는지 좀 더 이야기해주시겠어요?"

"아~ 네. 사실은 우리 애가 고집이 좀 센 편이거든요. 이번 주 토요일에 친구들하고 시내에 나간다고 해서 안 된다고 했거든요. 초등학교 5학년이면 아직 어리잖아요. 어린애들끼리 가는 것은 위험하잖

여자의 감정청소

아요. 그래서 안 된다고 했더니 막무가내로 짜증을 내고 소리를 지르고 귀찮게 해서 미치겠어요. 제가 이번 주에는 시간이 없거든요. 그래서 다음 주에 엄마랑 가자고 하니까 옆에 졸졸 따라다니면서 왜 안 되느냐고, 다른 엄마들은 다 허락했는데 왜 엄마만 허락을 안 해주냐고 난리를 치는 거예요. 정말 짜증 나 죽겠어요."

엄마는 자기 말을 듣지 않는 딸이 문제가 있는 거 같다며 나를 붙잡고 하소연했다.

서로 자신의 주장만 하는 모녀

지은이와 첫 만남.

지은이는 밝게 웃으며 센터로 들어왔다. 겉으로 보기에는 성격이 활달하고 자신감이 넘치는 밝은 모습이었다. 지은이와 이야기를 나누면서 지은이의 마음을 탐색해 보았다. 지은이는 엄마 때문에 힘들다며 엄마는 자신이 하고픈 걸 무조건 반대해서 짜증이 많이 난다고 했다. 집에 가면 안 씻는다고 뭐라 하고, 텔레비전 본다고 뭐라 하고, 친구 집에 간다고 하면 쓸데없이 놀러 다닌다며 뭐라 하고…. 엄마와 말이 안 통한다며 엄마에 대한 불만을 털어놓았다.

지은이의 이야기를 듣다 보니 서로 자신의 주장만 한다는 걸 알게 되었다. 상대를 이해하려 한다거나 배려하는 마음보다는 자기 생각만 주장하는 부분이 닮아 있었다. 두 사람의 자라온 환경이 궁금했다.

엄마와 대화했다. 지은이 엄마는 어린 시절 할머니와 함께 자랐다. 초등학교 4학년 때까지 할머니랑 함께 살아서 엄마의 따뜻한 정을 느껴본 적이 없다. 엄마와 함께 살게 되었지만, 그동안 떨어져 살았던 탓에 마주 앉아서 따뜻한 이야기를 나눠본 적이 거의 없다. 친정엄마는 자기 일을 하느라 바빠서 자신이 갖고 싶은 것이 있을 때 사준 적이 없고, 엄마랑 살게 되면서, 함께하고 싶은 건 많았지만, 해본 기억이 별로 없다.

그래서 자신이 엄마가 되면 아이가 원하는 것은 무엇이든 다 사주고 아이와 무엇이든 함께하겠다고 결심했다. 그런 까닭에 지은이를 혼자 시내에 나가게 하는 것은 마치 자신이 큰 잘못을 저지른 듯한 느낌을 들게 했다. 엄마는 지은이가 원하는 것은 다 해주었고, 간식도 손수 다 만들어 주었다. 어린 시절 채워지지 않은 자신의 욕구를 아이에게 대신 채워주고 있었다.

좋은 엄마라는 강박이 만들어내는 갈등

지은이 엄마에게 제안했다. 지은이를 만나는 동안 엄마도 감정코칭을 받으면 좋겠다고. 처음에는 "왜요?"하며 의아해했다. 엄마도 힘든 것이 있을 테니 같이 대화 나누면 어떻겠냐는 말에 허락했다. 상담 과정에 알게 된 지은이 엄마는 유난히 손 씻기에 정성을 들이는 모습에서 청결에 대해 강박적인 성향을 나타냈다. 지나칠 정도로 손 씻기에 정성을 들였다.

10회기의 심리코칭을 진행하면서 어린 시절 친정엄마로부터 받지 못한 사랑에 대한 욕구를 지은이에게 강요하고 있다는 걸 알게 됐다. 코칭하는 동안 엄마와 지은이가 함께할 수 있는 작업을 시도했다. 모녀는 자신의 감정과 타인의 감정을 읽는 것이 서툴렀기에, 감정 읽기 연습을 하였다. 회기가 지나면서 엄마는 어린 시절 엄마와 형성되지 못한 애착을 다시 생각했고, 자신의 양육방식에 문제가 있음을 알게 되었다.

청소년들을 만나다 보면 위와 같은 부모 사례를 자주 경험하게 된다. 어린 시절 채워지지 않은 자신의 욕구를 아이에게 강요하면서 '나는 좋은 엄마야. 나는 엄마로 최선을 다하고 있어'라고 착각하기 쉽다. 지금 이 글을 읽고 있는 독자들도 나의 아이에게 어떤 것을 강하게 요구하고 있는지 점검해 보길 바란다. 자녀가 나의 요구를 들어

주지 않을 때 어떤 감정이 드는지. 불편한 감정이 강하게 느껴진다면 스스로 물어볼 필요가 있다.

어린 시절 채워지지 않은 자신의 욕구인지 아니면 자녀를 진정으로 사랑해서 해주고 싶은 마음인지….

여자의 감정청소

엄마의 자존감은
아이의 자존감과 직결된다

아랫물이 맑아야 윗물이 맑다?

한 나무꾼이 땀을 뻘뻘 흘리며 열심히 도끼로 나무를 베고 있다. 도끼질은 열심히 하는 데 나무는 도통 넘어갈 생각을 안 한다. 지나가던 행인이 나무꾼의 도끼날을 보고 말했다.

"도끼날이 뭉툭하니 먼저 날을 갈고 나무를 베면 어떨까요?"

"알고 있습니다. 그런데 지금은 도끼를 갈 시간이 없답니다."

이 나무꾼은 어리석은 사람일까? 지혜로운 사람일까? 미국의 16대 대통령인 에이브러햄 링컨은 "나무를 베는 데 6시간이 주어진다면, 도끼를 가는 데 4시간을 쓰겠다"라고 했다. 많은 양의 나무를 베는 것이 목적이라면 지혜로운 선택이 필요하다.

집단 상담에서 지현이를 만났다.

"선생님, 아랫물이 맑아야 윗물이 맑아요."

"그게 무슨 소리야? 윗물이 맑아야 아랫물이 맑다 아닌가?"

지현이의 표현이 의아해 물으니, 집에서 자신이 말을 잘 들어야 엄마가 행복하단다. 엄마가 행복하길 바라는 예쁜 딸이 있어서 지은이 엄마는 좋겠다고 호응하니, 아이가 펄쩍 뛰었다.

"아니에요. 아랫물이 맑아야 윗물이 맑아요. 우리 집은 내가 말을 잘 들어야 엄마가 행복하단 말이에요. 그러니까 내 말이 맞아요."

"그렇구나! 지현이는 그렇게 생각하는구나. 지현이 엄마는 좋겠네. 엄마가 행복하길 바라는 예쁜 딸이 있어서…."

"나는 예쁘지 않은데요? 나는 못생겼어요. 우리 아빠가 그랬어요. 엄마 닮아서 안 예쁘다고…."

"그랬어? 선생님은 지현이가 못생겼다는 생각은 한 번도 안 했는데. 정말 속상했겠다. 지현이는 그때 기분이 어땠어?"

"아무렇지도 않았어요."

"…"

엄마가 자존감이 낮으면 아이도 그렇다

자신이 말을 잘 들어야 엄마가 행복해질 수 있다고 말하는 아이

여자의 감정청소

의 자존감은 어떤 상태일까? 자존감은 '자아 존중감'이다. '자신을 스스로 존중하는 마음'이다. "네가 말을 잘 들어야 엄마가 행복해. 네가 말을 안 들으면 엄마는 사는 게 재미없어"라는 말을 하는 엄마의 자존감은 어떤 상태일까? 아마도 자존감이 낮을 것이다. 자신의 행복을 아이의 행동에 의존하는 엄마 밑에서 자란 아이의 자존감은 어떨까? 당연히 낮다. 자존감이 낮은 아이들은 말을 함부로 한다. 기다리는 것이 힘들다. 다른 사람에게 피해를 주는 행동을 해도 잘못을 시인하지 않는다. 그리고 상대방 탓을 한다. 발표할 때도 소극적이다. 지현이가 그랬다.

자존감이 낮은 엄마는 감정 기복이 심하다. 아이의 감정에 민감하게 반응하지 못한다. 엄마의 역할을 제대로 알고 행동으로 옮기는 것이 힘들다. 주변 사람을 지나치게 의식하고 자신감이 없으며 부정적인 감정을 자주 느끼고 여과 없이 표출한다. 자신의 행복 여부를 타인에게 의존한다. 남들에게 평가받을까 봐 두려워한다. 지현이 엄마의 자존감은 뭉툭해진 도끼날과 같다. 뭉툭해진 도끼날이 제 기능을 못 하듯, 낮아진 자존감은 엄마의 역할을 잘하지 못하게 만든다.

낮아진 자존감을 높이려면 어떻게 하면 될까? 먼저 자신의 상태를 올바르게 인식해야 한다. 올바르게 인식한다는 것은 평소 표현하는 감정이 일반적인가를 바라보면 된다. 자녀나 혹은 다른 사람에게 표현하는 감정이 누가 봐도 공감할 수 있는가이다.

'엄마가 혼자서 너희 셋을 키우느라 많이 힘들어서 짜증나.'

그리고 자신과 자녀를 대할 때 일관성이 있는가를 보면 된다. 같은 상황에서 어제는 기분이 좋아 아이에게 사랑한다, 예쁘다고 말했다가, 오늘은 내 기분이 안 좋아 짜증을 낸다. 이 경우 엄마의 태도에 일관성이 없어 아이는 혼란스러워한다. 자신의 감정에 따라 아이를 대하고 있다면 자존감이 낮을 가능성이 크다. 자기 행동에 대한 책임을 질 수 있어야 한다. 그리고 자신을 신뢰하는 긍정적인 말을 하자. 아이들은 부모를 보고 자란다.

아이를 위해서 부모가 먼저 자존감을 높여라

부모는 자녀가 자존감이 높은 아이로 행복하게 잘 자라길 바란다. 미국 하버드 대학 니콜라스 크리스 타키스Nicholas Christakis 교수와 제임스 파울러James Fowler 교수의 《사람의 행복과 불행의 사회적 지리적 근접 관계》에 따르면 앞집에 행복한 사람이 살고 있으면 그렇지 않은 경우보다 행복 지수가 높다고 했다. 행복한 부모 밑에서 자란 아이는 그렇지 못한 아이보다 행복감을 더 느낀다. 그리고 자존감이 높은 부모 밑에서 자란 아이는 자존감이 높다.

행복한 사람을 보고 있으면 행복 지수가 올라간다는 연구 결과가 의미하는 것은 '행복한 엄마를 보고 자란 아이의 행복 지수가 높다'

여자의 감정청소

이다. 아이는 엄마의 모습을 보고 배운다. 아이를 양육하는 시간은 꽤 오래 걸린다. 6시간 동안 나무를 베는 시간이 주어졌을 때 도끼날을 가는데 4시간을 사용하라는 링컨의 말을 기억하자.

나의 자녀가 자존감이 높은 아이로 성장하길 바란다면 먼저 엄마의 자존감을 높이는 데 시간을 투자하는 것이 중요하다.

3부

감정의
뿌리를 알면
나아갈 힘이
생긴다

내 마음속 투덜이를 만나자

거절하는 것이 어려운 사람

공무원으로 25년을 재직하고 있는 김 팀장을 코칭하고 있다. 지난 주 코칭이 끝나고 자신을 많이 비워냈다며 괴로운 마음을 친한 지인에게 털어놓았다고 했다. 오랜 시간 고민한 문제에 대해 지인은 한순간에 답을 주었다. 순간 '내가 이상한 사람인가? 저분은 빨리 해결하는데 그동안 나는 왜 이렇게 헤맨 거야?' 김 팀장 스스로 자신을 탓하는 소리가 들려왔다. 속마음을 털어놔 시원할 줄 알았는데, 왠지 모를 쓸쓸함이 몰려왔다. '괜히 얘기했나? 나에 대한 인식만 나빠진 건 아닐까?' 마음 한구석에서 걱정하는 소리가 올라왔다.

지인이 해답을 이야기해주었을 때는 "맞아요"라고 대답은 했지만, 마음 한구석이 계속 찜찜했다. 막상 대답은 했지만 실천하기는 쉽지 않았다. 지인이 준 해답은 다름 아닌 '거절하라'였다. 거절해야 한다는 걸 알고 거절하고 싶은 마음도 간절했지만, 생각보다 어려웠다.

김 팀장은 다른 사람이 도와달라고 하면 자신이 할 일을 뒤로 미루고 부탁받은 일을 먼저 하고 있었다. 평소 일에 대한 욕심도 많아서 새로운 일을 자주 시작하다 보니 다른 사람의 업무를 돕는 게 버거울 때가 많았다. 자기 일도 힘에 겨운데 부탁을 거절하지 못하다보니 부하 직원에 다른 부서에서까지 그에게 도움을 요청하는 일들이 자주 발생했다. 처리해야 할 업무가 산더미처럼 쌓여 있는데도 다른 사람이 요청한 것을 먼저 처리하느라, 정작 자기 업무를 집에 가지고 가서 늦은 밤까지 일했다.

마음속에서 들려오는 소리에 귀를 기울이다

처음엔 돕는 것이 즐거웠다. 그러나 지금은 나이를 먹기도 했고 일이 많아서 힘에 부치는데, 자기 마음대로 거절하지 못해 괴로워했다. 김 팀장과 마주 앉았다.

"거절하고 싶다는 목소리가 들리네요. 그 목소리에 이름을 붙여본다면 뭐라고 하시겠어요?"

"음… 투덜이?"

"투덜이…. 네 좋아요. 투덜이한테 한 번 물어볼까요? 투덜아, 너 누구니?"

투덜이는 자신이 누구인지에 대해 말하기 시작했다. 마음속 투덜이와 만나기 시작하면서 김 팀장의 생각도 확장되어 갔다. 한참 동안 같은 질문이 이어졌다.

"투덜아, 너 누구니?"

"좋은 사람, 천사, 돕고 싶은 사람, 착한 사람, 봉사하는 사람, 선한 사람, 질투쟁이, 바보, 직장을 정말 사랑하는 사람, 열심히 사는 사람, 똑순이."

"…"

"지금 마음이 어떠세요?"

"깜짝 놀랐어요. 이렇게 많은 생각과 감정들이 나온다는 게. 그리고 나중에는 좋은 말들이 나오는 게 신기했어요."

"투덜이가 정말 원하는 것은 뭘까요?"

"밸런스. 균형을 찾아서…. 솔직한 감정을 이야기하고 싶어요. 저에 대한 이미지를 훼손시키지 않고 거절하고 싶은 거 같아요."

코칭을 진행하는 동안 팀장님은 마음속에서 들려오는 소리에 귀를 기울였다. 듣고 또 들었다. 묻고 또 묻는 시간이 이어졌다. 마음속 투덜이와 이야기하면서 스스로 자신이 어떤 상태인지, 무엇을 원하는지를 알게 되었다. 대부분 사람은 어려운 문제에 봉착했을 때 문제 해결에 초점을 둔다.

그러나 생각보다 문제 해결은 쉽지 않다. 특히 감정이 개입되면

여자의 감정청소

해결이 아닌 수렁 속으로 빠지기 쉽다. 상황과 자신을 동일하게 여기기 때문이다. 자신이 곧 문제라고 여기는 것이다. 팀장님 역시 자신과 거절하지 못하는 자기를 동일시하면서 거절에 대한 죄책감과 죄의식을 느끼고 있었다. 상대방의 부탁을 거절하는 자신이 무슨 큰 잘못이라도 하는 것처럼 생각했다.

한 발짝 뒤로 물러서서 자신을 바라보라

이런 상황에 부닥쳤을 때 어떻게 하면 좋을까? 이때, 한 걸음 뒤로 물러나서 문제와 자신을 분리하는 것이 필요하다. 내가 거절을 못 하는 것인가? 상황이 거절을 못 하게 하는 것인가? 그리고 자신의 어린 시절을 탐색해 보는 것이 필요하다. 거절했을 때 어떤 피드백을 받았는지 살펴보는 것이 중요하다.

어린 시절 거절당한 경험이 있거나 혹은 거절했을 때 상대방이 강한 반응을 보였다면 현재 삶에 영향을 미칠 수 있다. 김 팀장의 경우를 살펴보니 어린 시절의 애착과 관련이 있었다. 추운 겨울에 감기에 심하게 걸려서 꼼짝달싹도 하기 힘든 상황이었는데 엄마가 콩나물 사 오라는 심부름을 시켰는데 인정받고 싶어서 아프다는 말을 안 하고 슈퍼에 다녀왔다고 한다.

아무리 어렵고 힘들어도 다른 사람이 하는 부탁을 거절하지 않았다고 했다. 그런 영향으로 어른이 된 지금, 김 팀장은 거절할 수밖에 없는 상황임에도 거절하면 주변에서 자신을 좋지 않은 사람으로 생각할까봐 두려움을 가지고 있었다. 그러면서도 거절하지 못하는 자신이 문제라고 생각했다.

거절을 못 하거나 거절하기 어려운 사람이 있다면, 무엇이 먼저인가를 생각하자. 김 팀장처럼 거절하지 못하는 상황과 자신을 동일시하는 것은 아닌지 스스로 질문을 던져보자. 이런 상황에서 거절하지 못하는 자신을 바라볼 때 어떤 감정이 느껴지는가 알아차려보자. 그리고 한 발짝 뒤로 물러서서 객관적으로 자신과 문제를 바라보라. 좋은 해결방안이 보일 것이다.

김 팀장님은 거절할 수밖에 없는 상황을 먼저 설명하고, 상대방의 부탁에 대해서는 자신이 할 수 있는 기한을 제시했다.

"제가 급한 일을 처리하느라 요청하신 사항을 바로 처리할 수는 없습니다. 이틀 뒤에 가능한데 그때 해드려도 될까요?"

그 뒤로 김 팀장은 내가 거절하는 게 아니라 내가 거절할 수밖에 없는 상황을 인지했다. 선택은 상대방의 몫이었다.

초감정이 무엇인지 아시나요?

불편한 건 난데 나는 왜 아이에게 화를 낼까?

"코치님, 저는 아이들이 제대로 인사를 안 하면 화가 나요. 화가 나서 미치겠어요."

"어떤 상황에서 화가 나셨어요?"

"오늘 수업 마치고 복도에서 아이를 만났거든요. 그런데, 요 녀석이 고개도 안 숙이고 건성건성 인사를 하는 거예요. 순간 저도 모르게 '야! 너 지금 선생님께 인사하는 태도가 뭐야!' 하고 소리를 질렀어요. 요즘 애들이 다 그러잖아요. 그런데 저는 왜 이렇게 화가 날까요?"

"선생님은 아이들이 어떻게 인사를 해야 한다고 생각하세요?"

"똑바로 서서 바른 자세로, 공손하게 인사를 해야죠."

코칭을 의뢰한 최 선생님의 고민이다. 대부분 교사라면 공감하는 부분일 것이다. 보통 때는 좋은 선생님인데 아이들이 자신의 말에 토를 달거나 예의를 갖추지 않으면 자신도 모르게 화가 나서 미치겠다고 한다. '선생님께 인사를 똑바로 해야지.' 가볍게 한마디 하고 넘어갈 수도 있는 상황인데 큰 소리로 아이를 혼낼 만큼 화가 나는 이유는 무엇일까?

부모교육현장에서 만나는 엄마들도 최 선생님과 비슷한 이야기를 자주 한다. 한 엄마는 자신은 아이가 우는 모습을 보면 아무런 이유도 없이 화가 난다고 했다. 어떤 분은 아이가 울면 잘못한 것도 없는데 미안한 생각이 들고 죄책감이 들어서 어떻게 해야 할지 모르겠다고 했다. 무시하는 엄마도 있었다. 아이들이 우는 일은 흔히 있는 일인데 그냥 화가 나고 불편한 마음이 들기도 한다.

세계적인 부부치료의 대가 존 가트맨(1996) 박사는 이와 같은 감정을 초감정이라고 말한다. 2012년 EBS에서 모성 탐구 대기획 〈마더쇼크〉를 방영한 적이 있다. 이후 《마더쇼크. 2012》라는 책을 통해 "초감정은 대개 원 부모와 해결되지 않은 갈등에서 기인하는데, 무의식중에 생기는 것이어서 자신은 의식하지 못하는 경우가 많다"라고 언급한다.

초감정은 감정에 대한 감정이다. 감정에 관한 생각, 태도, 관점, 가치관 등을 뜻한다. 어린 시절 부당한 대우를 받았거나 안 좋았던 경험을 통해 해소되지 않은 감정이 성인이 되어 비슷한 경험을 할 때

작동한다. 즉, 초감정은 좋지 않은 감정이 해결되지 않은 채로 성장하였을 때 일어난다. 인사하지 않는 아이의 행동을 보고 "네가 뭔데 나를 무시해!" 하며 학생의 행동을 평가하게 된다. 목사님이 아버지였던 최 선생은 교회에서 예의 바르게 행동하지 않으면 교인들이 부모님 욕을 한다며 아주 어린 시절부터 예의범절을 강요당하며 자랐다. 그래서 아이가 인사하는 태도에 예민해진 거다.

자신의 초감정을 알아보는 방법

그렇다면 어떻게 자신의 초감정을 알아볼 수 있을까? 사람들은 감정을 좋은 감정 나쁜 감정으로 나누어 생각한다. 긍정 감정은 좋은 감정. 부정 감정은 나쁜 감정으로 인식한다. 그러나 감정은 좋고 나쁨이 없다. 초감정을 알아보는 방법은 자신이 느끼는 감정에 대하여 어떤 것은 좋고, 어떤 것은 나쁘다고 생각하는지 관찰해보면 된다.

나의 초감정은 예의 없는 행동을 하는 사람과 연관이 있다. 얼마 전 아는 지인들이 모여 함께 담소를 나누고 있었다. 그때 A씨가 지나가면서 모 기업의 대표에게 "너 까불지 마. 그러다 한 대 맞는 수가 있어"라는 말을 했다. 그 모습을 본 나는 어이가 없어서 나도 모르게 인상이 굳어지고 그 사람을 노려보면서 '뭐 저런 사람이 다 있어! 지금 이 자리에서 저게 할 소리야'라는 소리가 입 밖으로 튀어나오려는 걸 간신히 참았던 적이 있다. 예의 없이 행동하는 A씨의 모습을 보고 나의 초감정이 올라온 거다.

왜 이런 초감정이 생겼을까? 엄격한 아버지. 예의 없이 행동하거나 인사를 제대로 안 하면 크게 화를 내시면서 꾸짖었던 친정아버지의 양육방식 덕분이다. 만약 내가 그 순간에 화를 참지 못하고 큰 소리로 "지금 뭐 하는 짓입니까?"라며 소리를 질렀다면 어땠을까? 생각만 해도 아찔하다.

자신의 초감정을 이해하는 것은 중요하다. 자신의 감정에 대한 이해는 물론 자신을 불편하게 하는 상대방의 행동을 이해하는 데 중요한 역할을 하기 때문이다. 초감정을 알아보려면 어린 시절 강하게 느꼈던 행동 또는 표정이 무엇인지, 남편과 아이들이 표현하는 감정 중에 어떤 상황이나 행동 또는 표정이 마음에 걸리는지를 생각해보면 된다. 그리고 자신이 자주 표현하거나, 표현하기 어려운 감정이 무엇인지 떠올려 보면 된다.

불편한 감정을 느끼게 하는 상황이 무엇인지 생각해보자. 화가 나면 어떤 생각이 떠오르고 어떻게 행동하는지. 이렇게 자신의 초감정을 이해하면 갈등 상황이 발생했을 때 다른 사람에게 노골적으로 분노를 표출하거나 불편한 감정을 날것으로 표현해서 상대방에게 상처를 주는 행동을 조절할 수 있다.

여자의 감정청소

TIP 질문에 답하면서 자신의 초감정을 알아보세요

분노 – 슬픔에 대하여

❶ 어릴 때 분노 / 슬픔에 대한 경험이 있는가?

❷ 내 가족들은 분노 / 슬픔을 어떻게 표현했는가?

❸ 당신이 화나거나 슬퍼할 때 부모님은 어떤 반응을 보이셨는가?

❹ 당신의 어머니는 화나거나 슬플 때 어떤 행동을 하셨는가?

❺ 당신의 아버지는 화가 나거나 슬플 때 어떤 행동을 하셨는가?

❻ 무엇이 당신을 화나게 하는가?

❼ 무엇이 당신을 슬프게 하는가?

❽ 화날 때 당신은 무엇을 하는가?

❾ 슬플 때 당신은 무엇을 하는가?

초감정에서 벗어나기

꼭 해야 한다는 생각이 초감정을 만든다

직장에서 퇴근하여 현관문을 여는 순간 어질러진 거실이 눈에 들어왔다. 널브러진 옷가지며, 아이들이 먹다 남은 과자봉지. 순간 나도 모르게 짜증이 났다. 아침 출근 전에 분명히 깨끗하게 청소하고 정리를 다 해놓았는데…. 유독 정리 정돈이 안 되어 있는 모습만 보면 화가 나는 이유가 뭔지 궁금하다.

글쓰기 코칭을 하시는 작가님이 들려주신 이야기다. 물론 깔끔한 성격 탓도 있으련만 유달리 청소가 안 된 상황에서 화가 치밀어 오른다고 했다. 초감정에 관한 이야기를 나누면서 작가님의 어린 시절 이야기를 들었다. 깔끔한 성격을 가진 작가님은 가족들이 먹고 난 그릇들 사이에 남아 있는 음식들을 보면 이해가 되지 않았다.

특히 엄마의 행동은 더더욱 그랬다. 엄마가 식사 준비를 하면서 음식 재료들을 늘어놓는 것이 불편했다. 장독대에서 고추장을 퍼오면 장 담은 그릇을 아무 데나 놓았다. 어린 작가는 그런 엄마를 따라다니면서 뒤처리를 했다. '엄마는 왜 한 번에 일을 처리하지 않고 두 번 일하는 거지?'라는 생각에 짜증이 올라왔다. 작가님은 엄마가 하지 못하는 일들을 처리하고 다니면서 깔끔하게 정리하는 습관이 생긴 듯했다. 그런 작가님은 엄마라면 가족들의 건강을 위해 깔끔하게 해야 한다는 생각이 머릿속을 떠나지 않았다.

이것이 어떻게 초감정과 연결되는 것일까? 어린 시절 경험한 엄마의 이해되지 않는 행동이 스트레스로 작용하면서 정리 정돈에 대해 취약한 뇌를 만들 수 있다. 취약한 뇌는 이와 비슷한 상황이 발생하면 자신도 모르게 스트레스 상황으로 인식하면서 불편한 감정을 일으킨다. 초감정은 감정적 차원에서 형성되기도 하지만 이성적으로 주입된 가치관에 의해서 만들어지기도 한다. 초감정은 자라면서 형성된 철학이나 규범, 윤리, 가치관이기도 하다.

초감정을 해결하기 위해서는 가장 먼저 자신이 가진 '당위적인 생각'을 알아보아야 한다. 예를 들면 '집은 항상 깨끗하게 정리 정돈되어 있어야 한다. 학생이라면 당연히 공부를 열심히 해야 한다. 여자는 얌전해야 한다. 남편이라면 당연히 가족을 책임져야 한다. 부모는 아이들 앞에서 절대로 싸우면 안 된다.'와 같이 '~해야 한다'는 생각이다. 당위적 삶이 필요한 때도 있지만, 여기에 너무 얽매이면 상대방에게 기대하게 되는 일이 많아져서 삶이 피곤해진다.

자신이 할 수 있는 일과 없는 일을 선택해보자

초감정은 당위적 삶으로 연결되는 경우가 대부분이다. 이를 해결하기 위해 자신이 가지고 있는 당위적인 생각에서 벗어나 자신이 원하는 일을 떠올려보자. 그리고 다음과 같이 바꿔보자. '나는 깨끗한 거실을 원한다. 나는 거실을 깨끗하게 할 수 있다. 나는 깨끗하게 청소한 거실에서 따뜻한 커피를 마시고 있다.' 그리고 이런 상황에서 느껴지는 감정을 상상해보라. 어떤가? 마음이 한결 편안해졌을 것이다.

그리고 자신이 할 수 있는 일과 할 수 없는 일을 선택해보자. 할 수 있는 일에 대해서는 스스로 책임을 지면 된다. 만약 할 수 없는 일이라면 도움을 줄 수 있는 사람에게 요청해보자. 자신을 신뢰하고 또한 신뢰할 수 있는 사람이라면 더욱 좋다. 이와 같은 방법으로 당위적인 삶을 현실적인 삶으로 가져올 수 있다.

만약, 당위적인 생각을 하고 싶은 것으로 떠올렸을 때 왠지 불편하고, 허전하고, 힘들 것 같다면 아직은 그 일을 할 준비가 안 되어 있거나 혹은 하기 싫은 일일 수도 있다. 이런 상황이라면 자신의 감정에 솔직해지면 된다. '내가 이 일을 하기 싫구나. 내가 지금 많이 피곤해서 하고 싶지 않구나.'와 같이 올라오는 감정을 인정해주면 된다.

이때 중요한 것이 있다. 선택의 결과에 대한 책임이다. 결과가 마음에 들지 않을 수도 있다. 이때 다음과 같이 말을 바꿔보자. '오늘은 쉬고 싶다.' 그리고 나서 이 말에 대한 책임을 지면 된다. ~해야만 한다는 것과 같이 당위적인 생각에 사로잡히면 남 탓을 하게 되고 마치 다른 사람이 해야 할 일을 대신해주는 느낌이 들어 불행해질 수 있다는 사실을 기억하자.'

지금 나는 어떤 당위적인 생각을 하고 있는가? 빈 노트에 적어보자. 그리고 실존적인 삶을 살기 위해 ~ 해야만 한다.에서 ~ 하고 싶다. ~하고 있다.로 바꿔보자.

TIP 당위적 생각 정리하기

❶ 엄마라면   해야 한다.
....

❷ 남편이라면   해야 한다.
....

❸ 자식이라면   해야 한다.
....

❹ 아빠라면   해야 한다.
....

❺ 선생님이라면   해야 한다.
....

❻ 전정한 친구라면   해야 한다.
....

....

당위적인 생각에서 오는
함정을 조심하라

당위적인 생각으로 타인을 평가하지 마라

누구에게나 신념이 있다. 신념은 원칙과도 같아서 자기 생각과 행동을 결정짓는 중요한 역할을 한다. 나에게는 언행일치. 정직. 신뢰. 진정성. 진솔함…. 등과 같은 신념이 있다. 얼마 전 잘 아는 K 선생님이 직업윤리에 어긋나는 행동을 했다는 이야기를 전해 들었다. 한 분야의 전문가가 되려면 반드시 지켜야 할 윤리임에도 불구하고 자신의 유익 앞에 해서는 안 될 행동을 하고 만 것이다. K 선생님의 행동은 정직과 신뢰라는 나의 신념에 크게 어긋난다. 물론 선생님이 거짓으로 서류를 작성해서 불편함이 올라왔을 수도 있다. 그러나 더 중요한 것은 나의 신념, 가치관에 맞지 않는 행동에서 더 큰 실망감이 올라왔다.

나를 고민에 빠뜨린 것은 K 선생님의 태도에 대한 실망감이었다.

규칙은 반드시 지켜야 한다는 신념 때문이다. 이러한 신념은 당위적인 생각과 연결된다. 신념이 강할수록 '~해야만 한다'와 같은 당위적 사고로 굳어진다. 당위적인 생각이 자신에게만 해당하는 것은 아무런 문제가 되지 않는다.

위험한 것은 이런 신념이 가져다주는 함정이다. 당위적인 생각으로 상대방을 판단하거나, 상대방이 자신의 당위성에 따라오지 않을 때 올라오는 불편한 감정이 우리를 함정에 빠뜨린다. 그렇게 되면 당위적인 생각을 마치 자신인 것처럼 착각한다. 물론 K 선생님의 행동이 잘못된 것은 사실이다. 그렇다고 누구나 나처럼 화가 나진 않는다. "상황이 급하면 그럴 수도 있지, 왜 그렇게 예민하게 굴어"라고 말하는 사람도 있다. 당위적인 생각으로 타인을 평가하게 되면 불편함이 올라오고 이러한 감정은 상대방을 판단하는 잣대로 변하여 관계에도 악영향을 미친다.

나를 무시하는 걸까?

얼마 전 코칭 한 고객의 이야기다. 직장에서 부하 직원이 자신에게 보고하러 와서 허리를 굽히지 않은 채 한 손으로 서류를 내밀었는데 화가 나는 것을 참느라 혼이 났다고 하였다. 평소에는 이 직원을 대하는 것이 아무렇지도 않았는데 이런 일이 몇 번 반복되자 '이 사람이 나를 무시하나?'라는 생각이 들었다. 그러다 저만치 떨어져 있는 직원을 째려보고 있는 자신을 발견하고 깜짝 놀랐다. 직원이 서류를 가져올 때마다 차갑게 대하고 짜증 나는 표정으로 대하다 보니 미운 감정마저 올라왔다. 부하 직원과의 관계는 점점 서먹서먹해졌고 이제는 보기만 해도 불편한 마음이 들고 화가 나서 힘들어했다.

"코치님 이럴 때 어떻게 하면 좋을까요?"

"많이 힘드시겠어요. 과장님께서는 부하 직원은 상사에게 어떻게 대해야 한다고 생각하고 계시는지 궁금합니다."

"당연히 예의 바르고 공손하게 대해야죠."

"그렇죠, 예의 바르고 공손한 게 일반적인 생각이죠. 한 가지 궁금한데요. 이런 상황에서 누구나 자신을 무시한다고 생각할까요?"

"… 그렇진 않겠죠."

"맞습니다. 불편한 마음이야 있을 수 있지만, 자신을 무시한다고 생각하지 않을 수도 있습니다."

고객과 함께 당위적인 생각에 관하여 대화했다. 과장님은 '직장에서 부하 직원은 상사에게 반드시 예의 바르고 공손해야 한다.'라는 당위적인 생각이 자신과 직원의 관계를 불편하게 만들고 있음을 알게 되었다. 이처럼 강한 당위적인 생각은 관계에 부정적인 영향을 가져오기도 한다. 이런 상황에서 올라오는 불편한 마음을 어떻게 대처

할 수 있을까?

"김 대리, 지금 과장인 나에게 한 손으로 서류를 내미는 것을 보니 조금 불편하네. '나를 무시하나?'라는 생각에 불편한 감정이 올라오네. 다음부터는 예의를 갖추어서 두 손으로 서류를 전달해주면 좋겠네."

고객에게 나 전달법으로 자신의 감정과 욕구를 전달하는 방법을 안내해주고 난 다음 직접 해보라고 했다. 나 전달법으로 말하는 것은 상대방의 감정을 상하지 않고 자신의 감정과 욕구를 전달하는 것이 중요한 포인트라고 할 수 있다. 이처럼 상황, 감정, 원하는 것을 순서 대로 이야기하면 불편한 마음을 효과적으로 전달할 수 있다.

자신의 신념을 점검해보자

당위적인 생각으로 인한 함정에 빠지지 않으려는 방법을 알아보면 다음과 같다. 가장 먼저, 상대방의 행동을 보면서 불편한 감정이 올라오는가를 점검하자. 과장님은 짜증이 나고 화가 난다고 했다. 두 번째 불편한 감정이 상대방의 행동 때문인지, 자신의 신념, 즉 당위적인 생각에서 올라오는 것인지 구분해보자. '지금 불편한 것이 무엇 때문이지? 김 대리의 행동이 예의 없는 것은 사실이지만 내 안에서 불편한 마음이 강하게 올라오는 이유가 뭘까?' 세 번째, '~한 상황'에서 자신이 어떻게 행동하고 있는가를 알아보자. 과장님은 부하 직원을 째려보고 차갑게 대했다.

　마지막으로 당위적인 생각 때문에 불편한 감정이 올라오는 것을 알아차리게 되었다면 자신의 신념을 점검해보아야 한다. 과장님은 상사에게는 반드시 예의 바르고 공손하게 대해야 한다는 신념을 가지고 있었다. 신념은 원칙과도 같다. 그러나 원칙이 다른 사람을 평가하는 도구로 사용되어서는 안 된다. 원칙은 자기 행동을 올바르게 결정하는 도구로 활용될 때 가치가 있다. 중요한 것은 자신의 신념이 자신과 타인에게 어떠한 영향을 미치는가이다. 혹시 부정적인 영향을 미치고 있다면 지금 자신의 신념을 점검해 보길 바란다.

번아웃 상태라면
감정을 점검하라

번아웃이 온 진짜 이유

한 청년이 있었다. 29살의 청년은 직장을 구해도 얼마 지나지 않아 그만두기를 반복했다. 그러다 보니 엄마와 자주 부딪쳤다. 한 직장에 오래 다니지 못한 탓에 부모님께 용돈을 받아 쓰는 상황이 되었고 엄마와 부딪치는 일이 시간이 지날수록 빈번해졌다.

"선생님 제 동생이 엄마와 갈등이 너무 심해요. 그리고 번아웃 상태가 온 거 같아요."

청년을 만났다. 센터에 들어선 청년의 모습은 29살이라고 보기에는 아주 앳돼 보였다. 예쁘게 수놓아져 있는 에코백을 메고 독특한 귀걸이를 한 청년의 모습은 미소년에 가까웠다.

청년은 자신이 만든 거라며 메고 온 가방에 대하여 만든 배경부터 만드는 과정을 자세히 들려주었다. 그는 지금은 직장에 다니고 있지 않아서 부모님이 하는 일을 돕고 있었다. 부모님과 같이 일하다 보니 다투는 일이 자주 발생했고 엄마에 대한 부정적인 감정과 불신이 강하게 작용하면서 사사건건 엄마와 부딪쳤다.

엄마는 강한 생활력을 가진 분으로 주변에서 여장부라고 불린다고 했다. 하지만 청년은 여성스럽고 취향도 독특해서 여자 옷을 입는 것을 좋아했다. 29살의 건장한 청년이 손으로 직접 자수를 놓고 손수 가방을 만들어서 들고 다닌다는 이야기 속에서 갈등의 원인을 짐작할 수 있었다.

쉬는 날, 청년이 친구를 만나러 가기 위해 현관문을 나서다 엄마와 마주쳤다. 엄마의 눈에 비친 아들의 모습은 짙게 화장하고 기다란 귀걸이에 허리선이 잘록하게 들어간 여성용 코트를 입고 있었다. 엄마는 눈을 부라리며 다짜고짜 소리를 질렀다.

"야, 네가 게이냐?"

엄마의 말에 화가 나고 상처받은 청년은 엄마에게 큰 소리로 대들었고 결국 크게 다투고 말았다. 평소에도 자신의 취향을 존중해주지 않는 엄마와의 갈등으로 인해 엄마에 대한 불편한 마음이 강하게 있었던 터였다.

청년은 서울에서 사업 실패로 감당하기 힘든 빚을 지고 시골로 내려왔다. 엄마의 눈치를 보며 하고 싶은 말도 못 하는 자신의 처지에 강한 스트레스를 받았다. 이런 상황이다 보니 자신이 하고 싶은 일을 할 때마다 엄마의 눈치를 보게 되고 자존감도 떨어졌다. 자신은 게이가 아니며 여자를 좋아하는 신체 건강한 남자라고 했다.

하지만 엄마는 아들의 말을 귀담아 듣지 않았다. 외형상 보이는 청년의 모습을 향해 입에 담지 못할 비난의 말을 쏟아부었다. 엄마와의 지속적인 갈등과 경제적으로 자유롭지 못한 상황이 청년을 힘들게 했다. 이런 상황이 반복되면서 감정 기복이 심해지고 소진 상태가 자주 발생했다.

관계의 문제가 번아웃을 일으킨다

심리코칭이 진행되면서 청년은 존중받지 못하고, 인정받지 못한 자신과 마주했다. 엄마의 삶과 자기 삶을 들여다보고 엄마가 여장부로서 살아갈 수밖에 없었던 상황들에 대하여 돌아보게 되었다. 엄마는 공장을 운영하느라 바빴고 어린 자신을 돌볼 수 있는 상황이 아니었다. 그런 엄마에 대한 원망이 어린 소년의 마음에 자리했다. 혼자 있는 시간에 엄마의 품을 그리워하면서 예쁘고 사랑스러운 소품들을 만들어 엄마의 빈자리를 채웠다. 어린 시절 엄마의 부재는 청년의 불안정한 정서에 결정적인 영향을 미쳤다.

그런데 엄마와 살면서 자신이 좋아하는 일에 대해 엄마가 반대하고 무시하자 극심한 스트레스를 받았다. 이것이 번아웃 상태와 연결되어 있었다. 관계회복과 번아웃 상태를 회복하기 위해 엄마와 함께 대화하는 시간이 필요했다. 아들이 힘들어하는 것을 알고 있던 엄마도 아들과 관계회복을 원했다.

그동안 서로를 보며 힘들었던 이야기를 비난이나 판단 없이 중립적으로 이야기하도록 도왔다. 엄마는 그동안 외롭고 상처받은 아들의 마음을 있는 그대로 들어주고 공감해주었다. 아들도 엄마 관점에서 들으려고 노력했다. 약 3시간 동안 둘은 서로에 관한 생각과 마음, 그리고 공감받지 못한 마음에 대해 충분히 들어주고 인정하고 수용했다. 엄마의 눈을 제대로 바라보지 못했던 아들은 용기를 내어 엄마가 내민 손을 잡았고 신뢰를 회복해 나갔다.

어린 시절 주 양육자의 부재로 인해 공감받지 못한 감정은 타인과의 관계에 영향을 미친다. 《당신이 옳다》의 저자인 정혜신 박사는 사랑하는 사람들일수록 공감에 실패할 확률이 높아진다. '내가 말하지 않아도 나를 사랑한다면, 당연히 내 마음을 알 거야.' 하고 미루어 짐작한다. 깊은 관계일수록 오해하고 서로에게 실망하면서 깊은 상처를 준다고 하였다.

더불어 공감받지 못한 감정은 일상생활뿐만 아니라 대인관계에도 영향을 끼친다. 청년의 경우가 이에 해당한다. 사랑받아야 마땅한 엄마에게 공감받지 못하고 불신과 실망감이 커지면서 마음은 상처투성이가 되었다. 이런 까닭에 청년은 직장 생활을 하면서 이해받지 못하고 공감받지 못할 때마다 내면에서 올라오는 화를 이기지 못해 잘못된 방법으로 표출하였고 동료와 갈등을 겪게 되면서 결국 직장에 사직서를 냈다.

이 글을 읽는 독자 중에도 번아웃 상태를 경험하고 있을 수 있다. 번아웃 상태가 되면 에너지가 고갈되고 부정적인 생각이 증가하게 된다. 또한, 무기력증으로 인해 일에 대해 거부감이 생기고 냉소적인 태도를 보이게 되면서 업무 효율성이 떨어진다. 만약 이와 같은 번아웃 상태를 경험하고 있다면 과도한 스트레스를 받고 있지 않은가 살펴볼 필요성이 있다.

스트레스 상황에서 어떤 감정이 느껴지는지 점검해보자. 신뢰할 수 있는 대상에게 속 시원히 이야기하고 힘든 감정에 대해 온전히 공감받아보자. 산책과 같이 가벼운 운동을 하는 것도 도움이 된다. 그리고 환경에 약간의 변화를 주는 것도 좋다. 혼자서 감당하기 힘든 상황이라면 전문가를 찾아가서 심리코칭이나 상담을 받아보는 것도 좋은 방법이 될 수 있다.

마음이 아플 땐
약을 먹자

상처받은 감정을 어떻게 다루는가

상처받은 감정은 어떻게 다루는가가 중요하다. 초등학교와 중학교 감정코칭에서 만나는 아이들 대부분은 어린 시절 부모에게 들은 조언대로 행동하는 일이 많다.

수영 씨는 어린 시절 마음이 여려서 우는 일이 많았다. 그때마다 아버지는 "너는 울 일도 많고, 슬플 일도 참 많다. 그게 무슨 슬픈 일이라고 대낮부터 계집애가 울고 난리야! 뚝 그치지 못해"라는 말을 자주 들었다.

초등학교 4학년 때 일이다. 친한 친구가 전학 가서 훌쩍거리고 있는 수영 씨를 본 아버지가 "야! 조용히 안 해. 울 거면 저쪽에 안 보이는 곳으로 가서 울어. 친구가 전학 간 게 그렇게 서럽게 울 일이냐? 아무것도 아닌 걸 가지고…. 쯧쯧쯧 마음이 약해 빠져서는…. 뚝 그처!"라며 무서운 얼굴로 잔소리를 했다. 그럴 때마다 수영 씨는 슬픈 마음을 속으로 삼키며 속상한 마음을 꾹꾹 눌렀다.

얼마 전 수영 씨는 마음이 쿵 하고 가슴이 철렁거리며 숨이 차오르고 답답해지는 것을 느꼈다. 아는 지인들과 함께 이야기하는 중에 벌어진 일이다. 지인 중에 지영 씨가 결혼 초기에 남편은 살이 빠지고 자신은 살이 쪘던 때가 있었는데 시댁에 갈 때마다 시어머니 눈치가 보여서 혼났다고 했다. 수영 씨도 그런 경험이 있었다며, 쉬는 날 시댁에 갔는데 시어머니가 "너는 남편 밥도 안 해먹이냐? 얼굴 꼴이 저게 뭐냐?"라면서 남편 살 빠진 것을 마치 자신 탓인 것처럼 말해서 속상했었다고 맞장구를 쳤다.

그때 지영 씨 남편이 "그 얘기 좀 그만해"라며 버럭 화를 내는 것이 아닌가? 갑자기 분위기가 차가워졌고 그 말을 듣는 순간 '아무것도 아닌 걸 가지고 화를 내냐?'라고 한마디 해주고 싶었지만, 꾹 참고 불편한 마음으로 그 자리에 있었다. 그 모습을 본 수영 씨는 가슴이 답답해지면서 숨을 쉴 수가 없어서 밖으로 뛰쳐나왔다.

마음이 아픈 것도 치료받아야 한다

언짢은 생각이 들면 마음을 표현하는 것이 일반적이다. 그러나 어린 시절 자신의 의견을 말하는 것에 대해 자주 억압당한 사람은 이런 상황에서 알 수 없는 두려움을 느낀다. 감정을 자주 억눌렀을 때 몸이 살아남기 위해 선택한 방법이다. 수영 씨의 경우가 그렇다. 어린 시절 감정을 표현할 때마다 아버지한테 억압받고 자라다 보니 불편한 감정이 올라올 때마다 자신도 모르게 마음에 담아놓는 버릇이 생겼다. 하고 싶은 말이 있을 때마다 마음 한쪽에 차곡차곡 쟁여놓았다. 그런 일이 반복되면서 수영 씨는 숨이 안 쉬어져서 답답함을 느꼈고 그때마다 밖으로 뛰쳐나가 숨을 편하게 쉬기 위해 양손을 높이 들고 숨을 들이마셨다.

수영 씨는 자기 마음 안에 커다란 돌덩이가 들어있는 것 같다고 했다. 이 돌덩이가 자신의 감정을 억누르고 하고 싶은 일을 하려고 할 때마다 앞으로 나아가지 못하게 자신을 붙잡는 것 같았다고 했다. 지금까지 살아오면서 자신의 감정을 솔직하게 표현하거나 생각을 편하게 이야기해본 적이 없다. 아이들이 불편한 내색을 하면 자신도 모르게 눈치를 보고 아이들이 빨리 그 장면에서 벗어나기만을 바랐다.

수영 씨는 자신이 아프다는 사실을 모르고 있었다. 몸이 아픈 것만 아픈 게 아니다. 마음이 아픈 것도 아픈 거다. 몸이 아프면 약을 먹거나 병원에 간다. 하지만 마음이 힘든 것은 아프다고 인식하지 못한다. 아프면 증상에 맞는 약을 먹어야 낫는다. 마음이 힘들 때도 약을 먹어야 한다. '내가 힘들구나. 마음이 몹시 아프구나'라고 먼저 인정하는 것이 아픈 마음을 치료하는 약이다. 그리고 아픈 곳을 쓰다듬고 어루

여자의 감정청소

만져 주어야 한다.

닫히고 상처받은 마음은 산소량을 감소시켜 정상적인 호흡을 방해한다. 우리 내면에서 느끼는 불편하고 힘든 감정은 싸움을 일으킨다. 인정받고 싶은 마음과 참아야 한다는 마음이 충돌하는 것이다. 수영 씨가 어린 시절 아버지로부터 받았던 억압, 무시당함과 같은 억눌린 감정은 면역체계를 약하게 만들어서 다양한 질병을 초래한다.

이를 회복시키기 위해서는 힘든 마음을 편안하고 아무런 제약 없이 있는 그대로 인정하는 것이 필요하다. 그리고 솔직하게 표현하는 것이다. 슬플 때는 슬프다고 말하고 화날 땐 화가 난다고 말할 수 있어야 한다. 그리고 슬픔을 느끼도록, 화가 날 땐 화를 느끼도록 자신의 감정을 허락하는 것이다.

긍정 감정으로 전환하면
활짝 웃게 된다

은진 씨가 달라졌다

40대 중반인 은진 씨를 처음 만난 건 6개월 전 의식 성장에 관한 공부 모임에서다. 많은 사람 중에 유독 눈에 띄는 사람이었다. 처음 만나는 자리인데도 그녀는 뭐가 불만인지 표정은 굳고 말투는 딱딱했다. 자신을 소개하는 시간에도 웃음기라곤 전혀 찾아볼 수가 없을 만큼 어둡고 무표정했다. 참여자들의 표정은 기대에 부푼 모습이었지만 그녀는 뾰로통한 표정으로 아무런 말도 하지 않고 있었다.

공부 모임에서는 다양한 책을 읽고 소감을 나누면서 어린 시절부터 겪었던 경험들과 자신에 관한 이야기를 자연스럽게 나누었다.

"저는 얼굴이 이쁘지도 않고, 뚱뚱하고, 돈도 많이 없고, 많이 가는 해외여행 한 번 가본 적이 없어요. 예전에는 이런 나의 모습을 보면서 항상 다른 사람과 비교하면서 살았어요. 나는 왜 이렇게 못생겼지? 우리 집은 왜 이렇게 가난하지? 다른 사람들은 잘만 사는 데 나만 왜 이러고 살아야 하지? 라는 생각을 정말 많이 하고 살았어요."

6개월이 지난 지금 은진 씨는 달라졌다. 목소리도 작고 다른 사람들이 말할 때 입을 꾹 다물고 듣고만 있던, 삶에 찌들어 지친 모습은 전혀 찾아볼 수가 없다.

"얼마 전에 남편에게 장문의 카톡을 보냈어요. 코로나 백신을 맞았더니 몸이 너무 힘든 거예요. 남편은 퇴근하고 오면 아무것도 안 해요. 애들도 안 봐주고…. 몸이 너무 아프니까 남편에게 섭섭한 마음이 들더라고요. 나는 일도 하고 살림도 하고 애들도 돌보는데 남편은 내가 몸이 안 좋다고 해도 평소와 너무 똑같이 행동하니까 화가 나는 거예요."

예전 같으면 상상도 할 수 없는 일이라고 했다. 남편에게 아무런 말도 하지 못하고 아무리 아파도 혼자서 육아와 집안일을 했다. 그러나 지금 은진 씨는 활짝 웃고 있다. 남편에게 말 한마디 못하고 속으로 끙끙 앓던 그녀가 남편에 대한 서운한 마음을 표현할 정도로 당당해졌다.

생각을 바꾸니 정말 괜찮아졌다

함께 읽었던 황웅근의 《마음 세탁소》에 '해동네가 오든지 달동네가 오든지 상관하지 말고 오직 자기가 처한 자리에서 순기능을 찾아서 자신의 삶을 즐기는 자가 현명하다'라는 내용이 있다. 삶에서 원치 않는 어려움에 부닥치더라도 상황을 수용하고 인정하면서 자신이 귀한 존재임을 기억하라는 말이다.

은진 씨는 자신에게 해동네는 없을 줄 알았다. 영원히 달동네만 있을 줄 알았단다. 그런데 해동네는 자신의 마음에 있었다고. 모임에 참여하기 전 그녀는 다른 사람들과 비교하면서 늘 우울감을 안고 살았다. 인정받고 싶은 마음이 강해 힘들어도 힘들다고 말 못 하고 인정해주지 않는 남편과 시댁 식구들을 원망하며 땅만 보고 살았다.

자신의 불행한 모습을 아이에게 보여주고 싶지 않아서 억지웃음을 지으려고 애쓰며 살았다. 발달 장애를 가지고 태어난 아이를 보면서 엄마인 자신이 웃지 않으면 아이도 자신이 살아온 삶을 똑같이 살아갈 것 같은 두려움을 느꼈다. 공부 모임에 참여하면서 참여자들의 이야기를 듣다 보니 자신이 변해야겠다는 생각이 들었단다. 자신보다 더 힘든 삶을 살아왔는데도 긍정적으로 생각하고 당당한 모습을 보면서 스스로 돌아보는 시간을 가졌다.

"태양은 그림자가 있게 마련이잖아요. 하루에도 몇 번씩 좋은 일과 안 좋은 일이 반복되더라고요. 제 의지와 상관없이 말이에요. 그런데 가만히 생각해보니까 안 좋은 일만 있는 것은 아니라는 걸 깨달았어요. 구름이 아무리 태양을 가려도 태양은 다시 떠오르잖아요. 힘들다고 하면 할수록 비참해지고 속이 상한 거예요. 그래서 '괜찮아 그럴 수 있어'라고 생각을 바꾸니까 신기하게도 정말 괜찮아졌어요."

긍정적인 생각으로 방법을 찾으면 해결책이 보인다

은진 씨의 이야기를 들으면서 한 예화가 떠올랐다. 두 아들을 둔 노모가 있었다. 큰아들은 우산 장사고 작은아들은 짚신 장사를 했다. 노모는 하루도 걱정 없는 날이 없었다. 비가 오면 짚신 장사를 하는 작은아들이 걱정이고, 해가 뜨면 우산 장사하는 큰아들을 걱정했다. 은진 씨는 생각했다.

'맞아 지금 나한테 일어나는 일들은 어쩌면 나에게 필요한 일일지도 몰라. 언젠가는 나에게도 해가 나올 거야.'

지금 은진 씨는 다른 누구보다 밝고 열심히 산다. 그렇다고 삶이 달라진 건 아니지만, 삶에 대한 태도가 변했다. 자신을 비난하는 부정적인 말을 멈추고 긍정적으로 생각하고 말하려고 노력하고 있다.

우리는 비가 오면 우산을 받고, 날씨가 추우면 두꺼운 옷을 입는다. 힘든 상황에서도 긍정적인 생각으로 방법을 찾다 보면 해결책이 보인다. 그러나 부정적인 생각에 묶이면, 힘든 상황에서 벗어날 수 없다. 나에게 일어나는 수많은 일은 아무것도 문제되지 않는다. 마음 자세에 모든 게 달려 있다. 정말 원하는 것을 머릿속에 그리며, 올라오는 생각과 감정을 알아차리면 된다. 그리고 해결할 수 있는 적절한 방법을 찾으면 된다.

은진 씨는 거울에 비친 자신의 모습을 보았다. 자신이 못나 보인다고 생각했다. 그런 생각을 하는 자신을 있는 그대로 받아들였다. 바꿀 수 없는 상황은 받아들이고, 있는 것에 집중했다. 더 나은 모습, 원하는 모습을 상상하며 자신에게 말했다.

"은진아 지금도 충분해. 지금도 잘하고 있어. 그런 생각은 도움이 되지 않아."

거울 속에는 활짝 웃고 있는 은진 씨가 있었다.

여자의 감정청소

잇몸 콤플렉스에서 벗어나다

친한 친구와도 비교되는 건 싫다

고등학교를 졸업한 지 33년이 지났다. 마이산으로 유명한 진안에서 좀 더 들어가면 작은 면 단위 마을이 있다. 내가 자란 안천이다. 이곳에서 중학교를 졸업하고 고등학교는 전주로 진학했다. 유학을 온 셈이다. 당시 고등학교에는 나와 같은 시골 출신들이 꽤 있었다. 시골 출신이라는 공통점 때문이었을까? 도시에 사는 친구들보다 훨씬 쉽게 친해졌다. 고등학교 1학년 때부터 3학년까지 같은 반이었던 숙경이와는 자취방을 왕래하며 다른 가족들과도 친하게 지낼 만큼 가까운 사이였다. 숙경이와는 학교 졸업한 후에도 친하게 지냈다. 적어도 결혼 전까지는 그랬다.

"야, 연락 좀 하고 살지. 어떻게 전화 한 번을 안 하나?"

"너랑 나랑 처지가 같냐?"

"그게 무슨 소리야?"

"네 처지랑 내 처지랑 같냐고. 너는 공부도 잘하고 똑똑하고 잘 살잖아. 그리고 강의도 하고…."

"그게 무슨 상관인데?"

숙경이가 보고 싶어 전화를 걸었다. 사는 곳을 물으니 전주 외곽에서 꽃집을 하고 있다고 했다. 만난 지 20년이 훌쩍 지났지만 매일 만난 친구처럼 한참 수다를 떨었다. 연락도 안 하고 살았냐는 나의 말에 친구는 나와 자신의 사는 모습이 비교되어 연락하기가 꺼려졌다고 했다. 좋아하는 친구가 나를 비교의 대상으로 삼았다는 말을 듣고 속상한 마음이 올라왔다. 보고 싶어 전화하면 바쁘다면서 "잘 살지?"라는 말만 하고 바쁘게 전화를 끊었던 이유를 그제야 짐작했다. 지금은 꽃집 사장님으로 당당하고 자신 있게 "이제 나 있는 곳을 알았으니 자주 놀러 와"라고 말하는 모습을 보면서 이제는 숨지 않아서 다행이라는 생각과 함께 고마운 마음이 들었다.

콤플렉스에도 불구하고 활짝 웃는 날이 온다

누구에게나 어쩔 수 없는 상황이 있게 마련이다. 외모에 관심을 가지게 되면서 웃는 것에 대한 콤플렉스가 있었다. 웃을 때마다 드러

여자의 감정청소

나는 잇몸 때문이다. 거울을 볼 때마다 '나는 왜 이렇게 못생겼지?'라는 생각과 함께 활짝 웃어도 잇몸이 드러나지 않는 사람들을 부러워했다.

《성공하는 사람들의 7가지 습관》을 보면 인생을 효과적이고 능률적으로 살아가는 데 있어서 수많은 기본 원칙들이 존재한다. 자신에게 좋지 않은 영향을 미치는 패러다임이 무엇인지 알고 전환시킬 수 있다는 것을 아는 것이 중요하다. 이 책을 읽고 잇몸을 바라보는 부정적인 패러다임을 바꿔보고 싶은 생각이 들었다. 보이는 잇몸을 보이지 않는 잇몸으로 바꾸는 것은 불가능하다.

그래서 나를 바라보는 태도를 바꾸기로 한 것이다. 거울 앞에서 잇몸을 볼 때마다 '어떻게 하면 잇몸을 안 보이게 하지? 정말 짜증이나!'라고 말하던 것을 '그래도 이는 고르잖아. 웃을 때 뻐드렁니는 없으니 다행이지'로 바꾸었다. 마음이 한결 편해졌다. 지금은 잇몸이 전혀 신경이 쓰이지 않는다.

주어진 상황을 바꾸는 것은 어렵다. 힘든 상황이 하루아침에 바뀌지도 않는다. 내 맘대로 바꿀 수도 없다. 사업가이면서 저술 활동을 하는 니도 쿠베인Nida Qubein은 '인생의 성공과 실패를 결정하는 것은 환경이 아니라 선택'이라고 했다. 우리는 매일 수많은 선택을 하며 살아간다. 문제는 어떤 선택을 하느냐이다. 숙경이의 처지는 예전이나 지금이나 별반 달라진 것이 없다. 나의 잇몸 역시 그대로이다. 다만 선택을 달리했을 뿐이다. 부족한 부분을 감추는 것이 아니라 현재 상황을 인정하고 열심히 사는 자신을 나타내기로 선택한 것이다.

오랜만에 만난 숙경이의 모습에서 예전의 나약하고 자신감 없는 태도는 더는 보이지 않았다. 자신을 나타내기로 선택한 순간 숙경이는 밝게 웃었다. 행복해지고 싶으면 행복한 사람들과 어울리면 된다. 당당하고 싶으면 당당하게 살면 된다. 나를 가두는 것은 환경이 아니라 나다. 내 생각이 나를 환경에 가두는 것이다.

하버드 대학교 사회심리학 교수 데이비드 맥클레랜드David Mcclel-land는 우리가 습관적으로 어울리는 사람들이 우리 인생의 성패를 95퍼센트를 결정한다고 했다. 잘 살펴보면 우리의 패러다임도 우리가 어울리는 사람들이라는 관점에서 바라보면 지금 내가 사는 환경은 내가 만든 것이라고 할 수 있다. 밝고 긍정적인 시각으로 자신을 바라보면 잇몸이 만개하더라도 활짝 웃는 나를 만나게 될 것이다.

내 마음속 태풍을 잠재우는 방법

내면 아이라는 상처를 건드리다

추석에 가족여행을 갔다. 설렘과 기대감을 안고 장자도에서 배를 타고 5분 정도 달려서 작은 섬 관리도에 도착했다. 사이좋은 세 자매와 사위, 조카들까지. 민박집이 시끌벅적하다. 점심은 간단하게 라면으로 때우고 저녁은 민박집에서 준비해준 꽃게로 배불리 먹었다. 가족 모임의 단골 메뉴인 고스톱판이 벌어졌다.

"무슨 말을 못 하게 해!"

갑자기 누군가 소리를 버럭 지르며 밖으로 뛰쳐나갔다. 순간 정적이 흘렀다. 갑자기 벌어진 상황에 모두 어안이 벙벙했다. 즐겁게 웃고 떠들며 농담을 주고받던 중에 무심코 내뱉은 말이 그분에게 자극을 주었던 모양이다. 누구의 잘못도 아니었다. 재밌자고 가볍게 한 말이 아픈 곳을 건드리고 말았다. 평소 자주 들어 민감하게 반응하는 표현, '소심하다'는 말이 화근이었다. 가족들이 자신을 괜찮은 사람으로 생각한다고 믿었는데 그만 '소심하게'라는 말에 그동안 쌓였던 감정이 폭발하고 말았다.

우리는 누구나 성장하지 못한 내면 아이를 가지고 있다. 내면 아이는 어린 시절 주 양육자로부터 충분한 지지와 사랑을 받지 못해 결핍을 안고 있다. 즉, 내면 아이는 상처받은 나다. 어린 시절 생긴 상처는 채워도 채워지지 않는 구멍 뚫린 항아리와 같다. 성인이 되어서도 이러한 상처가 치유되지 않은 상태로 남아 어떤 자극이 주어졌을 때 자신을 괴롭게 하곤 한다. 내면 아이는 가장 약하고 상처받기 쉽다. 해결되지 않은 감정이 직감적으로 건드려지면 즉각적으로 반응한다. 성인이 되어서도 치유가 되지 않거나 충분한 보상이 이루어지지 않으면 감정조절이 안 되어 분노 조절 장애의 어려움을 초래하기도 한다.

상처를 품고 자란 성인 아이

《상처받은 내면 아이 치유》의 저자 존 브래드쇼는 '과거에 무시당하고 상처받은 내면 아이가 사람들이 겪는 모든 불행의 가장 큰 원인'이라고 했다. 어린 시절 경험한 감정이 누군가에 의해 억압되거나

화 또는 상처가 해소되지 않은 채로 자라게 되면, 성인이 된 후에도 내면에 그대로 자리 잡게 된다는 것이다. 어린 시절 받은 마음의 상처는 회복시키고 잘 돌보아 주어야 한다. 그렇지 않으면 안 좋은 영향을 지속적으로 미쳐서 우리 삶을 엉망으로 만든다.

가족 상처 치유 전문가인 팀 슬레지 박사는 상처 입은 아이를 가슴에 품고 겉모습만 성장한 어른을 가리켜 '성인 아이'라고 했다. 성인 아이는 성인이 된 후에도 어린 시절 해결되지 않은 문제를 여전히 안고 사는 성인을 일컫는 말이다. 성인 아이는 자신의 감정을 잘 모르거나 관계에 어려움을 겪고 두려움, 분노와 같은 충동의 감정에 휩싸이기도 한다.

우리는 저마다 각양각색의 마음 그릇을 가지고 있다. 그 모양이나 크기는 중요하지 않다. 어떤 마음을 담고 있는가가 중요하다. 어떤 사람은 자신을 인정하는 말과 긍정적이며 지지하고 격려하는 좋은 말을 담는다. 어떤 사람은 자신을 비난하고 비교하고 판단하면서 마음에 상처를 주는 말을 담기도 한다. 또 어떤 사람은 자신의 감정을 꾹꾹 누르며 스스로 자책하는 말을 담는다.

마음의 찌꺼기를 공감이라는 뜰채로 걷어내자

작은 섬 관리도에는 내가 좋아하는 코치님이 살고 계신다. 밤사이 벌어진 일 때문에 불편한 마음을 진정시키려고 밖으로 나왔다. 블루투스에서 들려오는 판소리가 마음을 위로한다. 코치님은 잔잔한 바다를 벗 삼아 막걸리를 한 사발 쭉 들이켜고 계셨다.

"한 코치님, 여기 우리 집 앞에 큰 호수가 있어요. 물이 가득 들어오면 우리 집 마당은 큰 호수가 되지요. 호수 밑에는 작은 돌무더기도 있고 크고 작은 바위들이 있지요. 그런데 지금은 하나도 보이지 않습니다. 한 코치님 눈에도 그런가요?"

"그러네요. 바닷물이 가득 차 있으니 저 밑에 무엇이 있는지 전혀 보이지 않네요. 코치님은 좋으시겠어요. 이런 큰 호수를 앞마당에 두고 계셔서….”

"허허허, 그럼요 좋지요. 물이 가득 찬 호수를 보면서 바람결에 복잡한 생각들을 실어 보내면 기분이 좋아진답니다."

태풍이 없는 바다는 고요하다. 물이 가득 들어찬 바다는 아무것도 보이지 않는다. 물이 빠져나가면 바닥을 고스란히 드러낸다. 드러난 바닥에는 조개껍데기며 작은 돌무더기, 자질구레한 쓰레기들까지 보인다. 태풍이 불지 않는 한 드러난 바닥도 고요함을 유지한다. 태풍이 불고 거센 파도가 들이닥치면 바닥에 있던 온갖 것들이 바다 위로

여자의 감정청소

둥실둥실 떠오른다. 그제야 더러워진 바다를 발견한다. 마음 그릇도 그렇다. 감정의 찌꺼기들이 마음 그릇의 바닥에 들러붙어 있지만, 평소에는 드러나지 않는다. 그러다 거센 파도가 들이닥치면 들러붙어 있던 찌꺼기들이 떨어져 나온다.

바다에 둥실둥실 떠다니는 찌꺼기가 눈에 거슬린다. 나를 자극한다. 눈에 거슬리는 찌꺼기는 뜰채로 걷어내야 한다. 모르는 체하거나 또다시 바닥에 눌러붙게 만드는 것은 어리석은 일이다. 이때 필요한 뜰채는 공감이다. 인정하는 말이다. 알아주는 말이다. 경청이다. 무슨 말이 자신을 자극하는지, 어떤 상황에서 강한 감정을 촉발하는지 알아차리는 것이 필요하다.

찌꺼기는 내가 아니다. 내가 무시하고 억압한 마음이다. 상처받은 마음이다. 내가 경험한 강한 감정일 뿐이다. 상대방이 하는 말이 자극되어 감정이 촉발하는 순간은(어떠한 계기로 감정이 촉발하는 순간은) 상처받은 내면 아이를 치료하는 좋은 기회다. 마음 저 밑바닥에 붙어 있는 감정적 찌꺼기가 스스로 올라왔으니 이를 떼어내기 위해 억지로 자극하지 않아도 되기 때문이다.

왜 자극이 되는지. 그 말을 들을 때 기분은 어떤지. 신체 반응은 어떤지 알아차리면 된다. 그리고 그런 자신을 안아주어야 한다. 그 말이 나를 자극하는 것은 건강해지고 싶은 긍정적인 신호라는 것을 기억하면 된다. 그리고 마음이 바다처럼 풍요롭고 넓어질 수 있도록 자신을 괴롭히는 부정적인 생각들을 내려놓자. 되고 싶은 모습을 상상하고 마음 그릇에 인정과 지지, 격려, 위로의 말들로 가득 채워보자. 어린 시절 상처받고 억누르고 힘들고 아팠던 나를 보듬어주고 위로해주자.

자신의 가치를 인정하고 격려해주자

그날 저녁 뛰쳐나간 가족과 대화를 나누었다. 어린 시절 부모님은 농사짓느라 바빴고 혼자 있는 시간이 많았다. 혼자 밥을 먹는 날이 많았다. 부모님을 돕고 싶은 마음으로 설거지를 했는데, 도리어 핀잔을 들었다.

"이것도 설거지라고 했냐, 하려면 깨끗하게 했어야지. 정리도 제대로 못 하고 이게 뭐야!"

그런 말을 들을 때마다 주눅이 들었고 무슨 일을 하려고 할 때면 위축되었다. 자라면서 자기 생각을 자신 있게 말하지 못하는 소심한 모습을 들키고 싶지 않았다.

그런데 가족 모임에서 그 화근의 표현을 듣고 감정이 폭발한 거다. 그분에게 이런 말을 해주고 싶었다. "누구나 어린 시절의 상처는 가지고 있어요. 부모님을 돕기 위한 행동인데, 인정받지 못해 정말 속상하셨겠어요. 부모님을 생각하는 선한 의도를 알아봐 주지 않고 무시당했을 때 억울하셨을 거 같아요"

잠시 침묵이 흘렀다. 그분은 차분해진 목소리로 말했다.

"어른인 내가 참았어야 했는데, 내가 실수했네."

그의 마음이 풀어진 것을 느낄 수 있었다.

자신의 가치를 인정하고 격려해주자. 진정으로 자신을 사랑하고 보호해줄 때 상처받은 내면 아이는 기뻐서 춤추며 뛰논다. 어린 시절 돌봄을 받지 못했던 어린아이가 아니라 밝게 웃는 씩씩한 자아로 성장한 내가 서 있을 것이다.

4부

나답게 살지
못하게 하는
걸림돌을
제거하라

다행일기를 쓰자

초보 코치 시절의 답답함

초보 코치 시절 고객들을 만나면서 종종 답답했다. 마치 무언가 겉돌고 있는 듯한 느낌이었다. 코칭을 하고는 있지만 제대로 한다는 생각이 들지 않았다. '이게 뭐지? 어떻게 해야 하는 거지?'라는 생각에 사로잡혀 있을 때 감정코칭을 알게 되었다. 코칭에 대한 목마름이 있었던 나는 바로 교육과정에 신청했다. 매월 16시간씩 1년 동안 감정코칭을 배웠다. 교육을 받으면서 감정에 머무르고 감정을 알아차리는 연습을 했다.

"지금 기분이 어때?"
"짜증 나요. 귀찮아요."
"짜증이 나고 귀찮다는 거구나."
"…"

여자의 감정청소

"무엇 때문에 짜증이 나는지 이야기해줄 수 있을까?"

아이는 바닥만 응시한 채 아무런 말도 하지 않는다. 순간 답답함과 짜증이 올라온다. '그러니까 무슨 이유로 짜증이 나는지 말을 해야 알 거 아니니? 아이고 속 터져!'라는 말이 목구멍까지 올라온다. 아이가 말을 안 하고 뭔가 불편한 기색을 나타낼 때마다 화를 참아내느라 숨을 몇 번이고 들이쉬고 내쉬고를 반복한다.

감정을 자극하는 아이의 행동을 볼 때마다
다행일기를 적는다

나는 코치 엄마다. 코치 엄마가 되는 과정에서 감정을 자극하는 아이의 행동을 볼 때마다 치열한 싸움을 했다. 아이가 내 맘대로 되지 않을 때, 말도 안 되는 고집을 부릴 때, 성적이 제대로 나오지 않았을 때, 시험 기간에 핸드폰만 보고 있을 때… 순간순간 잔소리하고 싶은 마음과 불편한 감정을 내색하지 않고 입 밖으로 꺼내지 않으려고 노력했다. 화가 나는 마음과 충고하고 싶은 말이 튀어나올 때마다 다행일기를 적었다.

'오늘은 화를 내지 않아서 다행이다.'

'소리를 지르고 싶은 상황이었으나 지르지 않아서 다행이다.'

'비록, 엄마의 말에 말대꾸하는 모습을 보면서 한 대 쥐어 박고 싶었지만, 엄마를 째려보거나 욕을 하는 것과 같은 나쁜 행동을 하지 않아서 다행이다.'

다행일기를 작성하다 보면 어느 순간 '아~ 정말 다행이다.'라는 생각과 함께 감사하기까지 하다. 우리는 매일 다양한 감정을 느끼며 살아간다. 때로는 그 감정의 노예가 되어 자신도 모르게 있는 그대로 감정을 표출하고 그로 인해 원치 않는 일을 경험하기도 한다. 특히 강하고 부정적인 감정일수록 모두에게 큰 손해를 끼친다.

다행일기는 이런 손해를 막아주는 좋은 도구이다. '~라서 다행이다'를 적다 보면 다행한 것들에 초점이 맞춰진다. '~가 아니라서 다행이다'를 적다 보면 안도감이 든다. '비록~지만, ~라서 다행이다'는 안 좋은 상황과 비교해 지금의 상황이 더 나음에 대한 감사를 찾게 한다. 그리고 자기가 느끼고 있는 감정에 이름을 붙여준다. 이 방법은 감정 속에 숨은 욕구를 찾아내고 인정하고 수용할 수 있도록 도와준다.

'아~ 지금 내가 인정받고 싶은데 인정받고 있지 못해서 화를 경

험하고 있구나!'

'내 말을 조금만 들어줘도 좋을 텐데 듣고 싶지 않은 조언을 들으
니 불편하구나.'

다행일기를 쓸 수 있어 다행이다

지역아동센터에서 감정코칭에 관한 부모교육을 한 적이 있다. 그
곳에서 만난 부모님들은 대부분 생업에 종사하느라 아이들을 제대로
양육하기 힘든 상황이다 보니 자신의 감정을 해결하기보다 참는 일
이 많았다. 교육을 진행하면서 다행일기에 관해 설명했다. 강의가 끝
나고 엄마 한 분이 상담을 요청하셨다.

"선생님 강의시간에 말씀하신 다행일긴가 뭔가 하는 거 있잖아
요."

"네, 맞아요. 다행일기."

"그걸 하면 정말 화나는 게 없어질까요?"

"없어진다기보다 스트레스 상황에서 부정적인 감정을 조절하도
록 도와줄 수 있어요. 어떤 상황이 가장 힘드신가요?"

"애아빠가 술을 먹고 매일 늦게 들어와요. 저도 일을 하거든요. 퇴근하고 집에 오면 밥해야지, 빨래해야지 청소해야지. 많이 힘들고 쉬고 싶어요. 그런데 애아빠는 집에 와서 돕기는커녕 술 먹고 오면 애들도 쳐다보지 않고 방으로 들어가버려요."

엄마는 자신의 이야기를 하기 시작했다. 두 아이를 키우고 있으며 남편과 관계가 좋지 않다 보니 아이들에게 자주 화를 냈다. 아이들이 주눅 든 모습을 보면 후회가 되기도 하고 화를 못 참는 자신이 원망스럽고 밉기까지 했다. 남편도 일이 힘들다 보니 아이를 돌보거나 자신의 마음을 알아주지 않았다. 그런 남편이 밉고 서운했다. 그런 일이 있을 때마다 엄마는 우울한 마음을 달래려고 술을 먹었고 아이들을 잘 키우고 싶은 마음과 달리 애들에게 큰 소리를 내고 화를 냈다.

다행일기 쓰는 연습을 했다. '오늘 부모교육에 참여할 수 있어서 다행이다. 퇴근 시간에 차가 많이 막히지 않아서 다행이다. 비록 애아빠가 매일 술을 먹고 늦게 들어오지만, 술주정하거나 폭력을 쓰지 않아서 다행이다'.

'내가 직장생활을 할 수 있어서 다행이다. 야간근무를 하지 않는 직장이라서 다행이다. 비록 피곤하고 힘들지만 아직은 건강하게 일할 수 있어서 다행이다.'

"선생님 이걸 쓰다 보니까 다행인 게 정말 많네요. 그리고, 쓰다 보니까 그동안 남편에게 서운했던 마음이 조금 줄어드는 거 같아요. 그리고 술은 먹지만 술주정은 안 하는 남편이 고맙네요."

다행한 일을 찾으면서 자신의 감정과 욕구를 알게 된다. 감정과 감정이 원하는 욕구를 알게 되면 어느 순간 불편한 감정이 사그라진다. 그리고 힘든 마음이 위로를 받는다. 다행일기는 나의 삶을 반올림해주는 해시태그이다. 다행일기를 쓰면서 불편한 마음과 감정이 어디에서 오는지 알게 되었다. 남편과 힘든 관계에서 오는 불편한 감정을 인정하고 수용하면, 일상이 편안해진다.

다행일기의 가장 좋은 점은 그날 경험한 부정적인 감정이 다음 날까지 이어지지 않는다는 점이다. 다행한 점들을 찾다 보면 감사함이 찾아온다. 감사는 불편한 마음을 리셋하는 중요한 수단이다. 건강한 인간관계를 가져오며 스트레스를 빠르게 회복시켜주는 방법이기도 하다.

TIP 다행일기 작성법

- 나는 ~라서 다행이다(다행한 것을 찾아서 기록한다).

- 나는 ~가 아니라서 다행이다(부정적인 것을 생각하고 자신이 거기에 해당하지

  않음을 떠올리며 기록한다).

- 비록 ~했지만(안 좋은 경험), ~가 아니라서 다행이다(안 좋은 경험보다 더 안

  좋은 걸 떠올리고 비교하면서 기록한다).

여자의 감정청소

엄마의 성향을 돌아보자

엄마! 코치 맞아?

코치 엄마가 되는 과정은 생각보다 쉽지 않았다. 성향 때문이었다. 마터슨이라는 학자는 사람들이 상황에 대처하는 방식이 다르다는 것을 발견하고 행동유형을 개발했다. 마터슨 교수는 DISC로 불리는 행동유형을 D형인 주도형, I형인 사교형, S형인 안정형, C형인 신중형의 4가지로 분류했다. 각 유형의 특징은 성격이 급하고 일 중심의 특징을 보이는 주도형, 말과 행동 패턴이 빠르고 사람을 좋아하는 사교형, 사람 중심의 사고를 하고 행동이 느리며, 순응적인 특징을 가진 안정형과 원칙적이고 비판적이며 꼼꼼한 완벽주의 성향을 보인 신중형으로 나뉜다.

코치가 되기 전 나의 행동유형은 주도형과 사교형이었다. 그러다 보니 내 감정에 따라 아이를 대하는 일이 많았다. 한마디로 기분파라고 할 수 있었다. 기분이 좋으면 아이에게 한없이 다정하고 좋은 엄마지만, 마음에 안 들면 아이에게 상처를 주는 말을 거침없이 뱉었다. 이런 모습을 보이다 보니 아이에게 코치 엄마로 인정받는 데에 많은 시간이 걸렸다. 마음에 들지 않는 아이의 행동을 보면서 순간순간 올라오는 화를 참고, 하고 싶은 말을 내뱉지 않으려고 노력하면서 속으로 엄마 역할을 잘하고 있다고 생각했다.

딸이 고등학교 1학년 때의 일이다. 기말고사가 다 끝나고 집으로 오는 길에 딸에게 말을 건넸다. 시험 잘 봤냐는 질문을 하고 싶은 마음을 억누르면서, 코치 엄마의 교양 있는 말투로….

"딸 시험 보느라 애썼지? 수고했어."

"응, 그런데 이번 시험은 망쳤어."

"문제가 어려웠니?"

"수학 시험을 보는데 문제가 쉬운 거야. 그래서 막 풀었는데 뒤쪽에 어려운 문제가 있어서 집중하다 보니까 시간이 많이 지나버렸어."

"그랬구나. 그런데 뭐가 망쳤다는 거야?"

"시간이 많이 갔다고 했잖아. 그러다 보니까 정작 쉽다고 생각한 문제를 제대로 검토하지 않아서 답을 잘 못 옮겨 적은 거 같아."

"내가 그럴 줄 알았다. 너 지난번 중간고사 때도 그래서 성적이 제대로 안 나왔잖아. 그러게, 엄마가 뭐라고 했어? 쉬운 것도 잘 살펴보라고 몇 번을 말했어!"

순간 차 안에 정적이 흘렀다. 아차 싶었다.

"엄마! 코치 맞아? 엄마한테 정말 실망했어."

그동안 코치 엄마가 되기 위해 했던 노력이 한순간에 물거품이 돼 버린 것이다.

"미안~, 정말 미안해."

"됐어! 엄마랑 다시는 말하고 싶지 않아."

마음속에서 자책의 목소리가 들려왔다. 나에 대한 실망감과 딸에게 미안한 마음으로 인해 심장이 마구 뛰었다. 집에 도착하자마자 방문을 쾅! 닫고 들어가는 딸을 보면서 그동안 노력했던 일들이 한순간에 물거품이 되었다는 생각에 후회와 자책하는 나를 보면서 속상함과 후회가 몰려왔다.

자신의 성향의 약점은 보완하고 강점은 활용하자

우리는 화가 나면 강점보다는 약점을 사용하게 된다. 코치 엄마가 되기 위해 많은 시간 노력했지만 내가 가지고 있는 성향을 변화시키는 일은 쉽지 않았다. 나의 강한 말투가 아이에게 상처가 된다는 생각에 주도형의 지시적이고 명령하는 강한 말투를 사용하지 않으려고 노력했다.

그동안 주도형의 강한 엄마로 살아온 나를 바꾸기가 쉽지 않았다. 마음에 들지 않는 딸의 행동과 말투를 고치려는 마음이 강하게 올라올 때마다 아이의 처지에서 생각하려고 노력했다. '아이의 행동을 보고 고쳐주고 싶고 훈계하고 싶은 마음이 올라올 때면 잠시 멈추고 내가 원하는 것이 무엇인지, 내면의 욕구를 살폈다. '아이가 말을 틱틱대지 않고 부드럽게 말하는 모습을 보고 싶다.' 이런 연습을 지속하면서 딸의 마음을 들여다보기 시작했다. '엄마가 속상한 내 마음을 알아주면 좋겠는데. 난 위로받고 싶었는데.'

아이의 행동은 변하지 않았지만, 아이를 대하는 태도를 바꾸었다. 아이의 툴툴대는 말투는 변하지 않았지만, 그런 모습조차 그대로 바라보기 시작하자 마음이 편해졌다.

인간의 행동유형의 특성을 좋고 나쁨으로 해석해서는 안 된다. 각 유형의 강점과 약점을 알고 삶에 적용하면 된다. 상대방의 행동을 통해서 그 사람의 성향을 파악할 수 있다면 관계는 훨씬 쉬워진다. 사람을 이해하는 만큼 오해와 싸움은 줄어들기 때문이다. 딸에게 상처를 주는 강한 말투 대신 부드럽게 말했다. 명령투로 말하거나 지시하지 않고, 원하는 것을 요청했다. 코칭을 배운 지 10년이 넘은 지금 딸이 말한다. "엄마가 코치 엄마라서 좋아"라고….

TIP 행동유형 알아보기

나와 비슷하거나 좋아하는 단어에 ☑ 하세요.

	D(주도형)	✓	I(사교형)	✓	S(안정형)	✓	C(신중형)	✓
1	대담함		열정적인		만족해 하는		치밀한	
2	결단력 있는		확신을 주는		호의적임		신중한	
3	솔직히 말하는		다정한		변화가 적은		정확한	
4	과감한		인기 있는		충실한		논리적인	
5	자신감 있는		사교적인		말씨가 부드러운		참을성 있는	
6	의욕적인		활기 있는		의존적인		철저한	
7	의지가 강한		명랑한		호의적인		내성적인	
8	도전하는		호기심이 많은		온건한		통찰력 있는	
9	경쟁심 있는		활발한		생각이 깊은		자신을 잘 드러 내지 않는	
10	변화를 추구하는		호소력 있는		우호적인		꼼꼼한	
11	단호한		유머가 있는		이해심 있는		공정한	
12	자기주장 하는		즐거운		협력적인		체계적인	
13	지시하는		매력있는		흡족해 하는		양보하는	
14	용감한		격려하는		순응하는		조용한	
15	의욕적인		외향적인		친근한		자제력 있는	
16	결과를 요구하는		유쾌한		침착한		정교한	
17	새롭게 시작하는		낙천적인		도움을 주려는		공손한	
18	완고한		놀기 좋아하는		유순한		세밀한	
19	주도적인		표현력 있는		세밀히 보살피는		조심성 있는	
20	빠르게 일 처리하는		말이 많은		느긋한		완벽주의자	
합계								

엄마의 가치관을
자녀에게 강요하지 마라

자신의 잘못을 인정하지 않는 아이에게

초등학교 4학년과 6학년 두 딸을 둔 엄마가 있다. 직장에 다니다 보니 아이들과 함께하는 시간이 부족한 게 항상 마음에 걸려 했다. 하루는 4학년 딸인 수현이 방을 청소하다 서랍에서 한 번도 뜯지 않은 수첩 4개를 발견했다. '이상하다. 애가 돈이 어디서 나서 수첩을 이렇게 많이 샀지?' 이상한 생각이 들어서 딸이 학원에서 돌아오길 기다렸다.

"수현아 돈이 어디서 나서 수첩을 4개나 샀어?"

"산 거 아니야. 친구가 생일 선물로 받은 건데 나 가지라고 줬어."

"4개나 준 거야?"

"응. 그런데 엄마는 허락도 없이 왜 내 서랍을 뒤져?"

서랍을 뒤졌다며 화를 내는 아이에게 미안하다는 말을 하면서도 왠지 마음이 찜찜했다. 사건은 그날 저녁에 터졌다. 저녁밥을 먹고 수현이 언니가 다급하게 엄마를 불렀다.

"엄마!"

"왜?"

"혹시 내 서랍에서 돈 가져갔어?"

"무슨 소리야? 엄마가 왜 돈을 가져가. 잘 찾아봐."

"잘 찾아봤어. 용돈 받은 거 하나도 안 쓰고 여기 서랍에 넣어 두었는데…. 2만 원이 없어졌어."

순간 엄마의 머릿속에는 낮에 본 수첩이 생각났다. '생일 선물로 수첩을 많이 받았어도 그렇지, 저렇게 많이 줄 리가 없는데….' 엄마는 곧 수현이가 언니 돈을 몰래 가져다가 수첩을 샀다는 것을 알아차렸다.

"너 혹시 언니 서랍에서 돈 가져갔니?"

"아니 안 가져갔어."

"그래? 너 서랍에 있는 수첩 친구가 줬다고 했지? 그 친구 누구야?"

"왜?"

"수첩을 얼마나 많이 받았길래 너한테 4개나 줬는지 물어보려고."

"…"

"왜 말을 안 해? 누구야?"

"…"

수현이는 아무런 말도 하지 못했다.

"너 언니 돈 가져갔지?"

"안 가져갔다고."

"그럼 저 수첩 누가 줬는지 말해. 계속 말 안 하면 거짓말하는 거로 생각한다."

"…"

"너 정말 말 안 할 거야? 안 되겠다. 일어나 경찰서 가게."

"싫어 안 가. 내가 안 가져갔다고!"

자신의 잘못을 인정하지 않는 딸의 모습에 머리끝까지 화가 난 엄마는 캄캄한 밤에 안 간다고 떼를 쓰며 우는 수현이를 끌고 동네 파출소로 갔다. 수현이 엄마는 솔직하지 못한 것을 몹시도 싫어했다. 그동안 살아오면서 '나는 올곧은 사람이야'라는 자부심이 굳건했다. 거짓말에 대해서는 더더욱 그랬다. 딸이 언니 돈을 훔친 것도 모자라 엄마를 속였다는 사실에 화가 머리끝까지 났다. 딸의 거짓말 하는 습관을 고쳐주는 게 중요했던 엄마는 파출소에 끌려가면서 느꼈을 아이의 두려움과 공포는 생각지도 못했다. 자기 딸이 남의 물건을 훔쳤고 거짓말했다는 것에 뚜껑이 열렸고 이것을 바로 잡아야겠다는 생각뿐이었다.

부모의 가치관 때문에
아이에게 큰 상처를 줄 수도 있다

여기에서 기억해야 할 것이 있다. '올곧음, 정직'은 엄마의 가치관이라는 사실이다. 엄마는 자신의 가치를 실현하는 과정에서 어린 딸의 감정을 철저하게 무시했다. 죄인 취급을 받으며 경찰관 앞에서 아이는 어떤 감정을 느꼈을까? 수치심, 모멸감, 창피함, 무시당함, 강요당함, 당혹스러움, 분노, 죄책감. 엄마의 가치관으로 인해 어린 딸은 원치 않는 부정감정을 폭식해 버렸다. 그결과 수현이는 친구들이 자기에게 불편한 속마음을 비치면 자신을 방어하듯 차단하고 무시해버렸다. 결국, 친구들과의 관계가 멀어졌다.

수현이는 그 일 이후, 학교에서 친구가 속상해하거나 불편한 표정을 보이면 '그까짓 거 아무것도 아니야. 네가 그런다고 내가 너한테 잘해줄 거 같아. 감정 같은 것은 필요 없어'라며 친구의 감정을 모른 체했다. 이런 일이 자주 있다 보니 인정머리 없는, 자기만 아는, 재수 없는 아이로 불리면서 친구들과의 관계뿐만 아니라 학교생활에도 지장을 초래했다.

엄마가 가진 강한 신념이나 가치관은 엄마의 것이며, 그것을 자녀에게 강요해서는 안 된다. 특히 어린 자녀에게는 더욱 그렇다. 엄마의 신념이 잘못되었다는 말이 아니다. 자녀에게 올바른 가치관을 심어주기에 앞서 엄마의 가치관은 엄마 자신의 것임을 인식해야 한다. 그렇지 않으면 수현이 엄마처럼 가치관이 강한 신념으로 작용해서 자녀에게 정서적으로 큰 상처를 주는 오류를 범하게 된다.

무시당한 감정의 욕구를 읽어주자

만나자마자 거짓말을 한 학생

K 중학교에서 감정코칭에 대한 의뢰가 들어왔다. 선생님들이 두 손 두 발 다 든 친구라는 말에 어떤 친구일까? 호기심이 생겼다. 상담실 문을 열고 들어온 학생은 망설임 없이 "여기 앉으면 돼요?"하더니 대답도 하기 전에 의자에 앉는다. 의자에 앉자마자 가지고 온 주황색 구슬을 가지고 책상 위로 이리저리 굴리며 장난 섞인 말을 쏟아 낸다. 인사도 하는 둥 마는 둥 상담 선생님인 나한테는 눈길조차 주지 않는다. "선생님께 인사해야지"라는 말에 눈을 마주치지 않은 채 "안녕하세요"라고 말하더니 가지고 온 공에 집중하며 장난치느라 정신이 없다.

"안녕. 자기소개 좀 해볼까?"

"제 이름은 허승우고요. 아빠는 허욱입니다."

"승우야 반가워."

"야, 너 왜 거짓말해! 선생님, 얘 허승우 아니에요. 김철수예요."

선생님의 말씀에 학생은 재미있다는 듯이 깔깔대며 웃는다.

"야, 너 정말 대단하다. 선생님이 깜빡 속았어."

"하하 그래요?"

"어쩜 그렇게 거짓말을 잘하니? 혹시 선생님을 속이려고 미리 생각하고 온 거야? 아니면 여기에서 즉흥적으로 생각한 거야?"

"여기 와서 그냥 한 건데요"

"야 정말 대단한데? 너 정말 재치가 있구나?"

"예, 제가 그런 소리는 좀 듣긴 하죠. 하하하."

철수와 나는 그렇게 처음 만났다. 거짓말을 한 자신을 혼내지 않는 선생님이 마음에 들었을까? ADHD 판정을 받고 약을 복용하는 철수는 상담하는 동안 한 번도 다른 곳에 시선을 빼앗기지 않았다. 가장 먼저 감정 카드를 분류하고, 학교에서 자신이 느끼는 감정을 골랐다. '수치스러움과 기분 나쁨, 귀찮음. 무기력감, 행복함, 열광함, 신남, 즐거움….'이다.

아이의 감정과 행동 중 무엇을 바라보는가?

데이비드 호킨스는 그의 저서 《의식 수준을 넘어서》의 의식 지도에서 수치심을 가장 먼저 언급했다. 인간이 수치심을 느낄 때 의식 수준은 20이며 이때 느끼는 감정은 치욕스러움이다. 치욕스러운 감정은 위험스러울 만큼 죽음에 가까우며, 방치나 신체적, 감정적 학대, 성적 학대와 같은 어린 시절의 경험으로부터 비롯된다. 이 수준에 머무르게 되면 '존재를 무시당한 사람'이 된 듯한 고통을 느낀다. 친구들 앞에서 혼나는 순간이 철수에게는 고통으로 다가왔다. 여기에서 벗어나기 위해 더 많은 장난을 쳤고, 친구들이 재밌어하는 모습에 열광하면서 좀 더 과한 행동으로 자신의 감정을 표현했다.

가끔은 자신도 모르게 과도한 행동을 할 때가 있다. 감당할 수 없는 스트레스를 받거나 올라오는 감정을 더는 참을 수 없을 때이다. 화를 억누르게 되면 많은 감정 문제가 발생한다. 공격성을 띤 과한 행동은 트라우마를 겪을 때 감정의 불균형이 생긴다. 이것이 다른 사람에 대한 부적절한 공격성이나 스스로 내면화된 공격성으로 나타나기도 한다. 철수의 과한 행동이 그 예다.

철수와 이야기를 하는 동안 ADHD 판정을 받은 것이 믿기지 않을 정도로 주의가 산만하다거나 과한 행동은 전혀 찾아볼 수 없었다. 그동안 있었던 일과 그때 느낀 감정에 대하여 공감해주고 철수의 행동에 초점을 맞추지 않고 그런 행동을 할 수밖에 없었던 마음을 인정해주었다. 철수는 선생님들로부터 자주 무시당하면서 자신의 생각을 표현하는 것이 어려워졌고 두려움을 느꼈다. 그런 마음을 들키지 않으려고 말썽을 부리고 장난을 심하게 치면서 채워지지 않는 욕구를 과한 행동으로 표현하고 있었다. 그럴수록 학교에서는 문제 행동에 집중했고 문제라는 꼬리표를 달았다.

부모인 우리가 아이들을 양육하면서 하는 가장 큰 실수는 행동을 먼저 바라본다는 것이다. 특히 문제 행동이라고 생각하는 것에는 더욱 그렇다. 이때 필요한 것은 문제 행동을 하는 숨겨진 마음이다. 문제아는 없다. 다만 그런 행동을 하게 된 배경이 존재할 뿐이다.

이 글을 읽고 있는 나는 아이의 감정과 행동 중 무엇을 먼저 바라보는가? 잠시 떠올려 보자. 행동이 먼저 보인다면 고개를 흔들면서 잠시 멈춰보자. 그리고 그런 행동을 하는 아이의 마음은 어떤 마음일지 상대방의 처지에서 생각해보자.

감정 스펙을 관리하라

감정도 스펙이다

내가 일하는 곳은 마케팅 공유 오피스 안에 있다. 이곳에서 L대표를 알게 됐다. 그는 나를 보고 자신이 하는 사업에 함께하고 싶다고 했다. 사업에 관한 이야기를 듣고 다음 주에 계약서를 작성하기로 합의했는데 계약서 작성을 하루 앞두고 한 통의 문자가 왔다.

> ○○팀은 당분간 만나지 않겠습니다.
> ○○팀과의 계약은 잠정적으로 연기하겠습니다.

이유에 대해 아무런 언급도 없었다. 갑작스러운 통보 문자에 불편한 마음이 올라왔지만, '무슨 사정이 있겠지'라고 생각하며 크게 신경 쓰지 않았다. 하지만 시간이 지날수록 L대표에 대한 실망감이 커져만 갔다. 며칠 후 이번 일에 관해 이야기를 들었다. 회식 자리에서 자신을 도와주겠다고 한 사람과 말다툼이 있었다고 한다. L대표는 그분이 우리 팀과 연결되어 있다고 생각했던 모양이다. 모 대표에 대한 불편한 감정을 우리 팀에게 전가한 것이다.

감정도 스펙이 될 수 있다. 스펙은 영어 단어 Specification을 줄인 말이다. 직장을 구하는 사람들 사이에서, 학력·학점·토익 점수 따위를 합한 것 등을 나타내는 단어로, 서류에 기록하는 업적 등을 이르기도 한다. 많은 기업이 스펙을 바탕으로 입사지원서를 평가하므로 구직하는 사람들에게 매우 중요하다.

그런데 최근 취업과 관련된 보도만큼이나 관심 있는 주제가 이직이다. 힘들게 직장을 구해놓고 얼마 되지 않아 직장을 그만두거나 옮기는 일들이 자주 발생하고 있다. 원인을 살펴보니 대인 관계 갈등이 대부분을 차지하는데, 이는 주로 자신과 상대의 다름을 이해하지 않으려 할 때 발생한다.

사람들은 자신의 감정에 충실하다. 그리고 솔직하다. 감정에 솔직하다는 것은 감정을 여과 없이 드러내는 것으로 좋은 관계를 만드는 데 때로 부작용을 일으키기도 한다. L대표의 경우를 예로 들어보자. 화가 나고 불편한 상황은 충분히 이해되지만, 기분 나쁘다고 앞뒤 생각하지 않고 그대로 표현하다 보니 정작 중요한 사안을 놓치고 말았다. L대표의 행동은 함께하고자 했던 사람들로부터 신뢰를 잃는 결과를 가져왔다. 나 역시 '이런 사람을 믿고 같이 일을 할 수 있을까'

에 대한 불안감이 올라왔다.

감정을 표출하기 전에 'STOP'을 외쳐보자

감정은 잘 관리하는 것이 중요하다. 대인 관계에서 아주 중요한 스펙이기 때문이다. 자신의 불편한 감정을 여과 없이 표출하는 사람을 보면 어떤 생각이 드는가? 어떤 사람은 상처받고, 또는 불편함을 느끼고, 짜증이 난다. '이런 사람과 좋은 관계를 유지할 수 있습니까?'라는 질문을 던진다면 아마도 대부분 사람이 '아니오'를 선택할 것이다. 그 이유는 감정을 표현하는 방식이 그 사람을 평가하는 기준이 되기 때문이다.

우리는 매일 다양하고 소중한 경험을 한다. 일상에서 느꼈던 부정적 감정을 정제하지 않은 채로 표출하면 평판에 좋지 않은 영향을 미칠 수 있다. 그동안 애써 쌓아온 경력과 평판이 한순간에 욱하는 감정 표현으로 와르르 무너질 수 있다.

감정관리는 불편한 감정을 참고 억누르는 것이 아니라, 날것으로 표현하는 것을 멈춘다는 의미다. 어떻게 멈출 수 있을까? 'STOP' 하면 된다. 긍정 감정은 표현할수록 유익이 되지만 부정 감정은 독이 될 가능성이 훨씬 크다. 상대방에게 좋지 않은 마음이나 생각이 불쑥 올라올 때 'STOP'이라고 외쳐보자. 그리고 한걸음 물러서서 그 상황에서 들었던 생각과 감정을 떠올리고 원하는 것이 무엇인지 들여다보자. '○○팀 잠정적 미팅 중단'이라는 문자를 보내기 전에 'STOP'을 사용했더라면 함께 일하고 싶었던 사람들을 잃는 일은 일어나지 않았을 것이다.

상처받은 감정은
건강한 성장을 방해한다

다른 사람의 관심과 감정을 차단하고 살다

초등학교에 입학한 수정이는 어딜 가나 눈에 띄는 총명한 아이였다. 중학생이 돼서도 무엇이든 잘하기 위해 최선을 다했다. 성취 욕구가 강해서 학교에서 리더 역할을 하면서 친구들과도 잘 지내는 것처럼 보였다. 수정이의 엄마는 그런 딸이 예쁘고 자랑스러웠다.

그런데 중학교 3학년 때, 예상치 못한 일이 발생했다. 1학기 기말고사를 하루 앞둔 날 수정이는 학교에서 친구들로부터 갑작스러운 따돌림을 받았다. 친구들은 따돌리는 이유를 말해주지 않았다. 왜 그러냐는 수정이의 질문에 '너는 아직 몰라도 돼'라는 말만 할 뿐이었다. 수정이는 하루아침에 외톨이가 되고 말았다.

어른이 된 수정이에게 연락이 왔다. 그녀는 성취욕이 앞서다 보니 직장 동료의 상황이나 마음에 공감하지 못했고, 이로 인해 팀원들과의 갈등을 호소했다.

"선생님 이번에 저랑 같이 프로젝트를 하는 동료랑 선배가 있는데요. 자신이 맡은 과제를 제때 하지 않는 모습을 보면 짜증이 나서 미치겠어요."

"그렇구나! 동료들에게 요청은 해보았니?""

"요청하면 시간이 없다, 어떻게 해야 하는지 잘 모르겠다. 네가 잘하니까 네가 다 하면 안 되겠냐. 이런 식으로 말을 하는데 정말 어이가 없어요. 그런데 어떤 식으로 말을 해야 할지 잘 모르겠어요. 어린애도 아니고 이건 좀 아닌 거 같아요."

수정이는 중학교 때 아픈 경험으로 인해 또다시 상처받게 될까 봐 상대방에게 자기 의견을 솔직하게 말하는 것을 어려워했다. 상대방이 잘못 받아들여서 과거와 같은 일이 벌어질까 두렵고 떨린다고 했다.

수정이에게는 3살 위의 오빠가 있다. 오빠는 어디를 가든 모범생으로 인정받았다.

"네가 수철이 동생이니? 오빠를 닮아서 똑똑하겠네. 오빠는 공부도 잘하고 발표도 잘하고 착하고 성격도 좋고…. 그런 오빠를 두어서 좋겠다."

학창 시절 수정이는 이런 말을 들을 때마다 오빠와 비교당한다는 생각에 자존심이 상하면서 오빠가 미워졌다. 이기고 싶은 마음이 치솟았다. 그럴수록 다른 사람의 마음 따위에 신경을 쓰는 것은 시간 낭비라고 생각했다. 주변에서 잘한다는 말을 들어도 성에 차지 않았다. 120점을 맞지 않으면 오빠에게 지는 것이라는 왜곡된 생각으로 자신의 감정뿐만 아니라 다른 사람의 감정과 관심을 차단하고 살았다.

모든 감정은 소중하며 옳고 그름이 없다

상담하다 보면 수정이와 같은 사람들을 종종 만나는데, 무엇보다도 자신이 얼마나 소중한 존재인가를 스스로 깨닫는 것이 중요하다. 그러기 위해서는 자신의 왜곡된 신념이 어디에서 왔는지, 그때의 감정이 무엇이었는가를 인식하는 것이 필요하다. 수정이는 원하지 않는 비교를 당하면서 질투심, 모멸감, 짜증, 화남을 느꼈다. 자신의 이름은 없었고 누구누구 동생으로만 존재하는 듯했다. 자신을 나타내기 위해 치열하게 노력했으나, 그 과정에서 왕따를 당했던 아픈 상처로 인해 대인 관계에 어려움을 가져왔다.

그동안 수정이는 관계에서 힘들거나 어려움이 있을 때마다 나를 찾아왔다. 수정이를 만나면서 판단하거나 비난하지 않고 온전히 수정이 편이 되어 주었다. 한참 시간이 흐른 뒤 그녀는 어린 시절 자신이 느꼈던 상처들을 자연스럽게 이야기할 수 있게 되었다. 그런 상황에 놓인 것이 누구의 잘못도 아니며, 자신이 오빠보다 못나서 생긴 일도 아니라는 것을 알았다. 그런 상황이라면 누구나 비슷한 감정을 느낄 수 있다는 사실을 인지했다. 자신의 성격이 잘못된 것이 아니라는 것도…. 지금 수정이는 회사에서 원하는 목표를 이루기 위해 최선을 다하고 있다. 오빠를 이기기 위한 것이 아니라 자신이 원하는 자유롭고 행복한 삶을 위해서.

수정이처럼 상처가 깊은 사람은 상대방의 겉모습만 보고 판단해 쉽게 다가가지 않으려는 경향이 있다. 그러다 보면 관계의 폭이 좁아지고, 섣불리 잘못 판단하는 오류를 범하기도 한다. 상대방의 태도가 마음에 들지 않을 때 첫 번째 할 일은 감정을 먼저 공감해주는 것이다. 모든 감정은 소중하며, 옳고 그름으로 구분할 수 없다. 내 앞에 있는 사람이 어떠한 행동을 하든 다 이유가 있다는 것을 기억하자. 무슨 이유로 저런 행동을 하는지 잠시 생각해보자.

어린 시절 비교당한 경험은 건강한 삶을 방해한다. 관계에 어려움을 겪고 있다면, 잠시 책을 덮고 어린 시절 자신을 힘들게 했던 상황을 떠올려보자. 그리고 그 상황에서 듣고 싶었던 말을 자신에게 말해보라. 자신을 위로하고 인정해주는 사람만이 평안한 삶을 맞이할 수 있다.

여자의 감정청소

소통을 잘하려면
마음 공감이 먼저다

대화를 시도한 딸에게 문전박대를 당하다

나는 누구인가에 대해 깊은 고민을 하던 시절이 있었다. 삶에 지쳐 무언가를 붙잡지 않으면 안 될 만큼 견디기 힘들었다. 아마도 그 무렵이었던 것 같다. 늦은 나이에 공부를 시작했다. 그 당시 한 학기에 25학점을 이수해야 하는 상황이라 토요일에 운영되는 지자체 수업을 들어야만 했다.

토요일 오전 정신 보건학이라는 과목을 듣기 위해 강의실로 향했다. 강의실에 들어서자 과목을 담당하는 교수님이 나한테 다가오셨다. 아마도 나이 많은 학생이라 신경이 쓰였나 보다.

"이 시간이 정신 보건학 시간인데 라이프코칭 과목을 수업하고 있습니다. 괜찮으신가요?"

그렇게 코칭이 내게로 왔다. 라이프코칭 과목을 들으면서 코칭 대화법을 처음 알게 되었다. 그날 나는 '어? 이런 대화 방법도 있네'라며 호기심을 가득 안고 집으로 돌아왔다. 딸이 오면 대화를 해봐야지 하는 기대감으로 딸을 기다렸다.

딸이 돌아왔다. 그런데 인사도 없이 거실에 가방을 휙 던져놓고 방문을 '쾅!' 하고 닫고 들어가는 것이 아닌가?. 이 모습을 본 나는 옳다구나 싶어 바로 코칭 대화를 시도했다.

"지영아, 잠깐 엄마랑 이야기 좀 할까?"

대답이 없다. 그냥 놔둬도 좋으련만 엄마의 오지랖이 발동한다.

"왜 그래? 무슨 일 있어?"

"됐어! 나가."

"무슨 일인데. 엄마한테 말 좀 해봐."

"됐다고! 필요 없다고. 나가라고!"

나가라고 막무가내로 소리를 지르는 딸 앞에서 코칭 대화는 시도도 못 하고 속상한 마음만 가득 안고 돌아서서 중얼거렸다.

'계집애 쌀쌀맞기는….'

몇 주가 흘렀다. 딸은 이날도 가방을 휙 던지고 방문을 쾅 닫고 들어갔다. 방문을 쾅 닫고 들어가는 딸의 행동을 보니 화가 났다.

'저것이 또 저러네. 어디서 엄마한테 인사도 안 하고 쾅 닫고 들어가는 거야. 버르장머리 없이. 아무리 기분 나쁜 일이 있어도 그렇지,

엄마가 묻는 말에 대꾸도 안 하고. 어휴….'

그리고 이내 걱정과 염려가 나의 마음을 가득 채운다.

'학교에서 무슨 일이 있었나? 친구들과 싸웠나? 선생님께 혼났나?'

머릿속에서 오만가지 생각이 떠오르는 것을 잠시 멈추고 아무 말 없이 딸이 문을 열고 나오기만 기다렸다. 시간이 꽤 흘렀다. 딸이 방에서 나오더니 내 옆에 와서 가만히 어깨를 기대고 앉는다.

"우리 딸이 아주 힘든가 보네…. 무슨 일이 있었니?"

"…"

엄마의 평온한 말투 속에 마음이 열렸나 보다. 딸의 눈에서 눈물이 뚝뚝 떨어졌다. 가만히 안아주었다. 얼마간의 시간이 흐른 뒤 딸은 마음속에 있는 이야기들을 털어놓기 시작했다. 딸의 이야기를 듣는 동안 조언이나 충고는 없었다. 그저 들어주었다. 내가 한 말은 "그랬구나, 정말 힘들었겠다"였다.

아이와 잘 소통하길 원하는 부모를 위한 팁

부모는 아이와 잘 소통하길 원한다. 그러나 마음처럼 쉽지만은 않다. 아이와 소통하는 것이 왜 이렇게 어려운 걸까? 부모교육 현장에서 엄마들과 이야기를 나누다 보면 공통으로 하는 말이 있다. 자기 맘대로 행동하는 아이가 도무지 이해되지 않는다는 것이다. 어느 때는 먼저 다가왔다가 엄마가 다가가면 짜증을 내거나 거부하면서 한 발짝 물러선다고 했다. 이유가 뭘까? 답은 간단하다. 신뢰다. 자녀에게 부모가 신뢰를 주는 행동을 일관되게 하고 있었나를 살펴봐야 한다. 마음에 드는 행동을 하든, 들지 않는 행동을 하든 일관성이 있게 그런 행동을 하는 아이의 마음을 먼저 보려고 노력할 때 신뢰가 형성된다.

아이들의 행동에는 나름의 이유가 있다. 학교 갔다 와서 가방을 획 던져놓고 들어간 딸의 행동 뒤에 숨어 있는 아이의 마음을 떠올려보았다. '나 기분 안 좋으니까 건들지 마. 엄마한테 인사할 기분 아니니까 이해해줘.' 이런 마음이었을 것이다. 많은 부모가 기준을 정해놓고 기준에 따라오지 않으면 잔소리를 한다. 부모의 의도는 잘 지내고 싶어서이다. 그러나 결과는 정반대다. 아이는 부모의 말을 듣기 싫은 소리로 치부해 버리고 귀를 닫아버린다. 결국, 마음 문을 닫고 이 과정이 반복되면 관계는 더욱 어렵게 되고 신뢰를 잃게 된다.

어떻게 하면 무너진 신뢰를 다시 쌓을 수 있을까? 마음 공감이다. 마음 공감은 강력한 소통 도구이다. 못마땅한 상대방의 행동을 판단하고 훈계하기에 앞서 그런 행동을 할 수밖에 없는 상황이나 마음을 먼저 이해하려고 노력해야 한다. 소통을 잘하기 위해서는 민감성을 기르는 것이 중요하다. 상대의 표정이나 눈빛 말투 등의 변화를 민감하게 알아차리는 연습을 해야 한다. 언어학자인 메라비언은 말로 전달되는 것은 7%에 불과하고 비언어적인 것으로 전달되는 것이 93% 라고 했다. 이야기할 때 상대방의 목소리 톤, 표정의 변화, 몸짓 등 비언어적인 것들까지 민감하게 관찰하고 상대방의 이야기에 귀를 기울여야 한다.

인정과 칭찬으로
긍정 감정을 채우자

아들, 엄마가 신경 써주지 못해 미안해

아이들이 다 커버린 지금, 나는 아이들과 같이 가려고 노력한다. 아이들이 어렸을 때는 다른 아이들에 비해 뒤처질까봐 전전긍긍하면서 아이들을 질질 끌고 갔던 것 같다. 내 아이가 최고가 되기를 바라면서…. 어리석게도 꽤 오랜 시간 동안 자녀는 내 속으로 난 자식이니 내 마음대로 해도 되는 줄 알았다.

몇 년 전의 일이다. 대학생 아들이 편입 준비를 하기 위해 서울 원룸에서 혼자 지냈던 적이 있다. 석 달 정도 지났을 때 아들에게서 전화가 왔다.

"엄마, 학원에서 사물함을 정리하다 착오가 생겨서 제 짐이 집으로 갔어요. 다시 보내주세요."

뭔가 이상하다고 느낀 남편이 바로 서울로 올라가라는 신호를 보냈다. 그도 그럴 것이 학원에서 보낸 짐은 다름 아닌 학원 교재였기 때문이다. 아이가 힘들어 학원을 그만두었나? 모든 일을 제쳐두고 서울로 향했다. 고속버스를 타고 가는 내내 불안한 마음과 걱정으로 가득했다. 띠띠띠…. 번호 키를 눌렀다. 문이 열리지 않았다. 불길한 생각에 심장이 쿵쿵 뛰기 시작했다.

쾅! 쾅! 쾅!
"아들 집에 있니? 엄마야 문 열어."
한참 뒤 문을 연 아들의 모습은 초췌하기 그지없었다. 두 평 남짓한 작은 방은 여기저기 먹다 남은 물병이며 치우지 않은 쓰레기들이 널브러져 마치 돼지우리처럼 발 디딜 틈이 없었다. 그 광경을 본 나는 말문이 턱 박혀서 아무런 말도 할 수 없었다. 가슴 한구석이 먹먹해졌다.

"아들…. 정말 많이 힘들었나 보다. 얼마나 힘들었으면 이 지경이 되었을까…. 엄마가 미처 신경 써주지 못해서 미안하다…."
다 큰 아들은 고개를 숙인 채 소리 없이 울고 있었다. 한참 동안 아들을 다독여주고 조용히 청소를 시작했다.
초등학교 4학년 때 중국으로 홈스쿨링을 보낸 적이 있다. 중국은 자녀를 하나만 낳은 집이 많았다. 홈스쿨링 하던 집에 동갑내기 사내아이가 있었는데, 그 아이는 낯선 친구와 함께 있는 것이 어색했던지

밤이 되면 엄마 방으로 갔다. 혼자 남겨진 아들은 밤 11시가 되면 엄마가 보고 싶다며 매일 밤 울면서 전화했다. 어린 아들의 마음을 다독여주고 잠을 재웠다.

청소를 마치고 아들과 이야기를 나누었다. 밤 11시가 넘어서 수업을 마치고 집에 돌아오면 아들을 맞이한 건 어두운 방과 어린 시절 경험한 외로움이었다. 전화하면 잘 있다고 말은 했지만… 서울에서 반겨주는 사람 없이 혼자 있는 시간이 무척이나 힘들었나 보다. 아들과 대화를 하면서 힘들었던 시간에 대해 마음으로 듣고 또 들었다. 아들에게 조용히 말했다.

"아들, 정말 힘들면 여기서 그만두어도 돼. 엄마는 괜찮아."

아이와 같이 걸으려고 노력하자

코치 엄마가 된 지금 나는 아이들과 같이 걸으려고 노력한다. 같이 걷는다는 것은 두 사람이 논둑길을 나란히 서서 가는 것과 같다. 구불구불하고 울퉁불퉁한 논둑길은 혼자 걷기에 적당하다. 자녀와 같이 좁은 논둑길을 나란히 걷기는 쉽지 않다. 불편함이 따를 수밖에 없다. 논에 빠지지 않기 위해서는 조율이 필요하다.

여자의 감정청소

좁은 논둑길을 같이 걷기 위해서는 몇 가지 점검해야 할 것이 있다. 첫째 '같이 갈 준비가 되어 있는가?'이다. 같이 갈 준비란 내 맘대로 따라와 주지 않아도 하나의 인격체로 온전히 바라보는 태도이다. 부모의 생각이나 기대가 아니라 아이가 어떤 선택을 하든 존중해주고 원하는 방향을 지지해줄 수 있는 마음의 준비다. 가끔은 부모의 기대에 어긋나도 잠시 불편한 마음을 내려놓고 기다려주고 믿어 줄 수 있어야 비로소 하나의 인격체로 바라볼 수 있게 된다.

두 번째 자녀가 부모와 같이 걷는 것에 대해 불편함을 느끼지 않아야 한다. 부모와 같이 걷는 것을 불편하게 생각한다면 자신의 의견을 말하는 것을 꺼리게 된다. 비단 자녀뿐만이 아니다. 함께 걷고 싶은 사람도 마찬가지다. 서로에게 불편한 마음이 조금이라도 있다면 좁은 논둑길을 오랫동안 같이 갈 수 없다. 내 옆에 있는 사람이 나와 같이 걷는 것을 불편해한다면 평소 소통이 잘 되고 있는지 점검할 필요가 있다.

나는 장거리 운전을 할 때면 먼저 차에 기름을 가득 채운다. 늦은 밤에 고속도로에서 기름이 떨어져서 낭패당한 경험이 있기 때문이다. 차에 기름이 부족한 상태로 출발하게 되면 계기판의 눈금이 내려가는 것을 알게 되는 순간 머릿속은 불안과 걱정으로 가득 찬다. 그리고 근처 주유소를 찾느라 온 신경이 곤두서 있다. 자녀와 논둑길을 같이 걷는다는 것은 장거리 운전과도 같다. 장거리 운전을 하기 전 기름을 가득 채워야 마음 놓고 즐길 수 있다.

기름은 긍정 감정이다. 기름 탱크에 좋은 감정, 행복한 감정, 즐거운 감정, 상대방을 신뢰하는 데서 오는 안정감과 편안함이라는 기름을 채워 두어야 한다. 이런 감정들이 가득 채워져 있으면 함께 걸을 때 약간의 불편함이 있어도 괜찮다. 기분 좋은 감정들로 가득 채워져 있을 때 불편함이 올라와도 조금만 노력하면 바로 해소될 수 있다.

소통에 어려움을 겪고 있는 사람이 있다면 매일 한 가지씩 인정과 칭찬을 해주자. 직접 말하는 것이 어려울 수도 있다. 포스트잇과 같은 메모지에 상대방의 장점, 칭찬을 적어서 전달하는 것도 좋은 방법이다. 처음엔 쑥스럽고 낯간지러울 수 있지만 지속하다 보면 기름탱크는 즐거움, 행복감, 신뢰감, 안정감 등과 같은 긍정감으로 가득 채워져서 좁은 논둑길을 함께 가는 것이 훨씬 수월하게 된다.

여자의 감정청소

침묵을 즐겨라

감정의 파동이 컬러 바틀을 깨트리다

오전에 강의를 마치고 점심시간이 다 되어 출근했다. 사무실 문을
연 순간 믿기지 않는 광경이 눈앞에 펼쳐졌다. 상담하기 위해 책상에
진열해 놓았던 컬러 바틀 중 하나가 산산조각이 나 있었다. 순간 머
릿속이 하얘졌다. '무슨 일이지? 다른 바틀은 아무렇지도 않은데 왜
67번 바틀(마젠타)만 깨진 거야?' 그도 그럴 것이 책상 가장자리도 아
니고 중간에 놓였던 바틀이 바스러져 있었기 때문이다.

요즘 나는 컬러 바틀을 몸에 바르면서 일어나는 변화를 경험하고
있다. 컬러 고유의 에너지와 파동을 느껴보기 위해서 지금 바르고 있
는 바틀 이름은 터콰이즈로 개별화와 독립성, 솔직한 자기표현이라는
키워드를 가지고 있다. 코칭을 배우고 나서 불편한 상황이나 감정이
올라와도 셀프코칭을 하면서 스스로 감정을 처리하다 보니 불편한 상

황에서 내 생각을 잘 표현하지 않게 되었다. 그런데 에메랄드 바닷빛의 터콰이즈를 바르며 내 생각과 감정을 솔직하게 이야기했다.

오라소마 컬러 바틀은 물과 기름, 허브(약초), 크리스털(광물질), 컬러 파동으로 되어 있다. 바틀을 몸에 바르는 동안은 몸과 마음이 매우 민감하게 반응한다. 문득, 이틀 전 사무실 공유 공간에서 있었던 일이 머리를 스쳤다. 같은 공간에서 일하는 L대표와 약간의 의견 충돌이 있었다. 평소 같으면 아무렇지도 않게 넘어갈 일인데 이날은 마음속에 있던 말을 그대로 뱉어낸 것이 화근이 되었다. 평소 L대표는 자신의 이력을 과하게 표현하는 스타일이다. 그런 태도가 마음에 들지는 않았지만, 굳이 말할 필요가 없어서 입 밖으로 꺼내지 않았다.

그런데 바틀 작업을 하면서 속에 있는 말을 솔직하게 해버렸다. 다른 사람들이 L대표에게 평소 말하는 태도에 대해 충고하는 상황에서 잘못된 지식을 바로잡아 주려고 한 말이 그의 기분을 상하게 한 모양이다. 그 일이 있고 난 후 L대표는 화가 났다는 것을 알아주라고 하는 듯 사무실 앞을 지나갈 때마다 헛기침하면서 언짢은 마음을 노골적으로 표출하고 있었다.

감정은 에너지 파동이다. 양자 물리학에 중요한 공헌을 한 이론 물리학자 데이비드 봄(1917-1922)은 인간은 에너지 차원의 송신탑이라고 할 수 있으며, 인간이 방출한 에너지는 부메랑이 되어 우리 내면에 소용돌이를 일으킨다고 했다. 그렇다고 바틀이 깨진 것이 이해가 되진 않았다.

궁금증을 해결하기 위해 컬러 상담을 지도해주신 선생님께 전화를 걸어 그간에 있었던 일에 대해 자초지종을 설명해 드렸다. 선생님께서는 그분이 상담을 오래 하셨거나 영적으로 민감한 분이라면 당연히 그럴 수 있다는 답변을 주셨다. 사무실 앞을 지날 때마다 불편한 감정을 표출하면서 부정적인 에너지가 마젠타가 가지고 있는 파동과 강하게 부딪쳐서 생긴 일이라는 것이 이해되었다.

익숙해진 자동화적 사고로부터 벗어나자

우리 몸은 본능이 항상 나를 보호하는 시스템으로 되어 있다. 위험한 것은 학습하지 않아도 무의식적으로 피한다. 불편한 감정이 올라왔을 때 나를 보호하기 위해 상대방을 비난하고 자신을 합리화한다. 에고의 유일한 목적은 생존이다. 불편함, 괴로움, 슬픔을 느낄 때 그걸 느끼는 내가 있다. 머리로는 불편한 감정이 사라지길 바라지만 의식적인 몸의 감각에서는 보내지 않으려고 한다. 이것이 에고다. 불편한 감정이 지속해서 생각나는 것은 살고 싶은 욕구가 자신을 보호하기 위해 화를 내면서 몸의 본능을 따르는 것이다.

몸의 본능을 거스르기는 쉽지 않다. 하지만 자신의 불편한 마음을 그대로 표현하는 것은 관계에 악영향을 미칠 수 있다. 몸의 본능을 거스르지 않고 화가 났다는 것을 효과적으로 알릴 수 있는 지혜가 필요하다. 이때 필요한 지혜가 경청이다. 우리가 알고 있는 경청은 상대방의 말을 잘 듣는 것이다. 하지만 더 중요한 것은 자신의 마음의 소리를 잘 듣는 것이다. 자신을 강하게 흔드는 불편한 감정과 생각을 멈추려면, 마음이 하는 소리에 귀를 기울이고 마음 상태를 살피면 된다. 이때 느껴지는 감정을 알아차리고 수용하면 된다.

이미 익숙해진 자동화적 사고는 감정을 살피는 것을 방해한다. 예를 든다면, 누군가 내 말을 듣고 바로 반응하지 않을 때, 자주 무시당한 경험이 있는 사람은 '저 사람이 나를 무시하는구나.'로 생각하면서 즉각적으로 반응을 한다. 화를 내거나 소리부터 지르면서 불편한 내색을 곧바로 표현한다. 상대방이 말을 잘못 들었을 수도 있고 바빠서 바로 반응하지 못할 수도 있다. 불편한 감정이 올라올 때 자신이 원하는 방법이 아닌 자신도 모르게 표현되는 것이 자동화적 사고라고 할 수 있다.

자동화적 사고는 습관과도 같다. 습관의 95%는 무의식에서 나온다. 습관적으로 나오는 행동이나 불필요한 말을 줄이기 위해서는 5%를 의식적으로 사용하려고 노력해야 한다. 그러기 위해서는 침묵이 필요하다. 침묵은 기다림이다. 기다림의 시간을 가지면서 감정을 잘 알아차리고 쓰다듬어주면 부정적인 감정을 중화시킬 수 있는 지혜가 생겨서 자동화적 사고로 발생할 수 있는 불편한 상황을 만들지 않게 된다.

반항에는 다 이유가 있다

자녀가 익을 때까지 기다려야 한다

지난여름 운동을 같이하는 언니 집에 다녀왔다. 전주에서 차로 40여 분 거리에 있는 한적한 시골에 자리 잡고 있었다. 가장 먼저 나를 반겨준 것은 앞마당에서 울긋불긋 탐스럽게 자태를 드러내고 있는 상추, 고추, 깻잎, 다양한 채소들과 열매들이었다. 여기저기 둘러보다 한 곳에 시선이 멈췄다. 돌담 사이에 빼꼼히 드러난 방울토마토였다. 노랑, 주황, 빨강 등 다양한 색깔의 방울토마토들이 주렁주렁 달린 모습이 마치 아이들이 재잘재잘 웃고 있는 모습 같았다. 햇볕이 덜 드는 곳엔 아직 자신의 색을 드러내지 못한 푸릇푸릇한 방울토마토가 주렁주렁 열렸다. 가만히 토마토를 바라보면서 맛있는 토마토를 먹으려면 빨갛게 익을 때까지 기다려야 한다는 것을 알아차렸다.

한 줄기에서 자란 방울토마토라도 익는 시기가 다 다르다. 자녀도

여자의 감정청소

마찬가지다. 자녀의 성향에 따라 어떤 아이는 빨리 성장하지만 어떤 아이는 더디게 성장한다. 키를 말하는 것이 아니다. 자녀의 성품을 이야기하는 것이다. '이제 다 컸구나'라는 생각이 들기까지 기다림의 시간이 필요하다. 때로는 기다림의 시간이 고통으로 다가오기도 하지만 고통은 부모를 성장하게 만든다.

딸과 아들에게 사과하다

나는 3살 터울의 아들과 딸을 둔 엄마다. 아들은 온순하고 배려심이 있지만, 딸은 착하면서도 성취욕과 자기주장이 강하다. 성향이 다른 두 아이 덕분에 속상한 일도 많았고 때로는 울기도 했다. 사춘기를 겪어내면서 강하게 부딪쳤던 아이들은 엄마의 마음을 참 많이도 아프게 했다. 사이좋게 지내는 다른 집 아이들을 보면서 부러움에 내 아이들의 행동을 보면서 속상하고 원망스럽기까지 했다. 이제는 다 커서 대학생이 되었지만, 아이들의 관계는 여전히 싸늘했다. 그런 모습을 지켜보는 나의 마음에는 무거운 돌덩이가 들어앉아 있었다.

"엄마는 내가 오빠한테 무슨 일을 당했는지 모르잖아. 내가 그때 얼마나 무서웠는지 알아?"

딸의 입에서 갑작스럽게 튀어나온 말에 가슴이 철렁했다. 무슨 일이 있었던 것일까? 일하느라 저녁 늦게까지 아이들만 집에 두었다. 둘 다 별 탈 없이 잘 지낸다고만 생각했었는데….

나중에야 둘의 관계가 왜 그렇게 되었는지 알 수 있었다. 아들이 중학교 2학년 사춘기 시절에 동생이 자기 말을 안 듣고 대들었다고 과하게 때렸던 모양이다. 사춘기였던 아들이 자신의 감정을 조절하지 못한 상황에서 벌어진 일이었다. 이 일이 있고 난 뒤 딸은 오빠를 원수처럼 생각했다. 딸과 데이트를 하면서 자초지종을 듣고 딸에게 진심으로 사과했다. 그동안 엄마가 몰라줘서 정말 미안하다고…. 그리고 공포와 무서움에 떨었을 딸의 마음을 진심으로 어루만져 주었다.

아들과 이야기했다. 아들은 그 일이 있고 난 후 동생이 자신을 대하는 태도를 보면서 죄책감 때문에 말도 못 하고 눈치만 보면서 고통스러워했다. 그동안 말도 못 하고 속앓이했을 아들의 마음을 보듬어 주었다.

아들과 딸이 마치 개와 고양이처럼 서로 으르렁대면서 싸우는 모습을 보고, 험한 말을 뱉어냈다. "내가 너희들 때문에 못 살겠다! 엄마가 죽으면 좋겠어!" 아이들에게 가시돋힌 말로 상처 주었던 나의 행동에 대해 진심으로 사과하고 나의 잘못을 아이들에게 고백했다. 감사하게도 아이들이 서로의 잘못에 대해 인정하고 진심으로 사과했다. 지금 아들과 딸은 각자 위치에서 열심히 잘살고 있다. 그 뒤로는 싸우거나 얼굴을 붉히는 일은 일어나지 않았다.

여자의 감정청소

아이들의 마음을 읽어주세요

"박사님 애들이 싸우는 모습을 보면 화가 나서 미치겠어요, 혼내도 소용없고 말도 안 듣고 어떻게 하면 좋을까요?"

부모 교육할 때 많이 듣는 질문이다. 그럴 때마다 내가 하는 말은 언제나 똑같다.

"아이들이 하는 말의 내용을 충분히 들어주세요. 그리고 아이의 마음을 읽어주세요. 엄마가 보는 행동이 전부가 아닐 수 있습니다. 싸우는 모습을 보고 드는 생각이나 판단을 내려놓고 아이의 마음을 먼저 바라보세요. 아이들이 싸우는 데에는 저마다 이유가 있답니다."

싸우는 아이도 싸움을 거는 아이도 다 이유가 있게 마련이다. 엄마의 눈에 보이는 것이 다가 아니라는 것을 기억하자. 나도 어렸을 때 4살 차이 나는 막내 오빠와 사이가 좋지 않았던 적이 있다. 둘이 싸우고 있으면 엄마는 항상 오빠 편을 들었고 "어디서 나이 어린 계집애가 오빠한테 꼬박꼬박 말대꾸야!"라는 말에 그렇게 억울할 수가 없었다. 그때 엄마가 내 말을 조금이라도 들어주었더라면, 내 맘을 조금이라도 이해해주었다면 그렇게 억울하지는 않았을 텐데…. 하는 아쉬움이 마음 한쪽에 남아있다.

5부

감정에
휘둘리지 않고
살아가기

불편한 감정을 해결하는 방법

선입견과 편견이 만들어내는 문제

며칠 전부터 마음 한구석에서 불편하다는 신호를 보내고 있다. 애써 무시하려 하지만 자꾸 신경이 쓰인다. 그동안 친하게 지내던 김 선생의 태도가 자꾸만 나의 시선에 머물기 때문이다. 몇 달 전 함께 이야기를 나누던 중 자신이 운영하는 프로그램에 코로나로 인해 사람들 모집이 어렵다는 말을 들었다. 같은 일을 경험하고 있었던 터라 안타까운 그의 마음이 고스란히 전해졌다.

돕고 싶은 마음에 "같이 합시다"라고 말을 한 것이 자연스럽게 참여하는 계기가 되었다. 똑같은 프로그램에 한 번 참여했던 경험이 있어서 굳이 참여하지 않아도 되는 상황이었다. 그렇지만 김 선생에게 힘이 되어 주고 싶어서 적지 않은 금액의 교육비를 지급하고 참여했다. 이미 익숙해져 있었지만 처음 참여하는 마음으로 다른 일정보다

우선순위에 두고 최선을 다해서 참여했다. 리더의 역량에 따라 참여자에게 미치는 영향이 큰 프로그램이라 기대감이 컸고 김 선생에게 배우는 점도 많았다.

7주가 흘렀다. 한 주 뒤 수료식을 앞두고 김 선생이 전화했다. 가벼운 마음으로 전화를 받았다. 그런데…. "코치님 솔직히 코치님께 실망했습니다." 이게 무슨 소리지? 갑자기 전화해서 나에게 실망했다고 말하는 상황이 도무지 이해되지 않았다. 뭔가로 한 대 맞은 듯한 느낌이 들어서 혼란스러웠다. 돕고 싶다는 생각에 최선을 다해서 참여했는데…. 갑자기 전화해서 자신의 방식과 기대에 못 미친다며 실망했다고 말하는 그의 태도가 이해되지 않았다.

30여 분간 의견을 주고받았고, 잘 해결되었다고 생각했다. 문제는 수료식이 끝나고 난 후의 김 선생의 태도였다. 프로그램이 진행되는 동안 더없이 친절하고 친밀감이 넘쳤던 모습은 전혀 찾아볼 수 없고 전화며 문자에 대해 회피하는 느낌이 들었다. 무엇 때문일까? 내가 무슨 실수라도 했나? 원인을 찾아보려 애써보지만, 도무지 떠오르지 않았다. 하던 일을 잠시 멈추고 불편한 마음과 대화를 나누었다.

'지금 기분이 어때?'

'답답해. 불편하고 혼란스러워. 그리고 서운한 마음이 자꾸 올라와.'

'그렇구나. 무엇 때문에 서운한 마음이 올라오지?'

'지금 형편이 넉넉하지 않은데도 불구하고 돕고 싶다는 마음에 적지 않은 금액을 내고 신청했어. 그리고 하루도 빼먹지 않으려고 최선을 다했고 열심히 참여했어…. 그런데 지금은 괜한 오지랖을 부렸나? 김 선생의 태도가 이해되지 않고 섭섭하고 화가 나.'

…

그렇게 한참 동안 불편한 마음과 이야기를 나누었다. 생각할수록 섭섭한 마음이 올라왔다. 사람들은 마음속에 관계를 망치는 두 마리의 개를 키우고 있다고 한다. 한 마리는 편견偏見, 또 한 마리는 선입견先入見이다. 편견은 한쪽으로 치우쳐 공정하게 바라보지 못하는 것이고 선입견은 직접 경험하지 않은 상태에서 마음속에서 미리 단정을 지어버리는 것이다. 어쩌면 김 선생은 편견이라는 개를 키우고 있을 수 있고 나는 선입견이라는 개를 키우고 있는 것인지도 모른다. 편견과 선입견을 품게 되면 사실이 아닌 것을 사실로 받아들이게 되는 오류를 범하게 된다. 그리고 자신의 기대에 미치지 못하면 섭섭한 마음과 함께 상대방에 대한 원망이 올라오기도 한다.

섭섭함이 클 때 내 안의 감정을 살펴보자

이런 상황에서 좋은 해결책을 찾기란 쉽지 않다. 고민 끝에 한 가지 방법을 떠올렸다. 먼저 감정을 살펴보기로 했다. 내가 느낀 감정은 불편함, 서운함, 당황스러움, 손해 보는 듯한 기분, 못마땅함, 혼란스러움, 답답함이었다. 두 번째 감정 뒤에 숨어 있는 긍정적인 의도를 찾아보았다. 그것은 예전처럼 친하게 지내고 싶은 마음, 전화해서 함께 일을 도모하고자 하는 바람, 서로에게 필요한 파트너가 되고 싶은 마음이었다. 마지막으로 의도 안에 있는 나의 존재를 인정해주었다.

나는 관계가 불편하면 힘든 사람이다. 나는 누군가를 돕는 일이 즐거운 사람이다. 나는 함께 일하는 것을 좋아하는 사람이다. 그리고 나는 이런 사람한테 무시당할 만큼 하찮은 존재가 아니다. 김 선생의 행동을 보며 떠오르는 생각과 감정, 의도를 정리하자 한결 마음이 가벼워졌다. 김 선생을 향한 내 마음은 아쉬움과 섭섭함, 배신감이었다. 더는 그와 함께할 수 없다는 기대감을 내려놓자 자연스럽게 마음을 정리할 수 있었다.

지금 이 글을 읽고 있는 독자 중에도 이와 같은 불편한 감정이 있다면 아래 질문에 답을 작성해보길 바란다. 그리고 글을 쓰고 난 뒤의 마음과 생각을 알아차려보자.

213

TIP 질문에 스르로 답을 해보자

Q1. 지금 나를 힘들게 하는 감정은 무엇인가?

....

....

Q2. 감정 속에 들어 있는 자신의 긍정적인 욕구(의도, 바람)는 무엇인가?

....

....

Q3. 이러한 욕구가 있는 나는 어떤 사람인가? (자신의 장점, 탁월함을 찾아서
기록해보자)?

....

....

Q4. 지금 기분이 어떠한지 알아차려보자. 그리고 자신이 원하는 모습을 그
려보자. 도무지 이해되지 않는 행동을 하는 사람은 적당히 무시하는
것도 하나의 방법이다. 잊지 말아야 할 점은 나는 정말 소중한 존재라
는 것이다.

....

....

자녀의 이유 있는 외면,
나 전달법 대화로

여행지에서 불거진 딸과의 갈등

7년 전 코치들과 함께 베트남 다낭으로 여행을 갔다. 부부가 함께 하는 여행이었지만 남편과 일정이 맞지 않았다. 덕분에 딸과 여행할 귀중한 기회를 얻었는데, 이틀간의 자유일정이 포함되어 있어서 단 둘이 보낼 시간에 대한 기대감이 컸다. 여행 첫날 즐겁고 행복한 시간을 보낼 부푼 꿈을 한가득 품고 버스에 올랐다. 여기저기 다니면서 함께 사진도 찍고 맛있는 것도 먹고 손도 잡고 다니는 행복한 모녀의 모습을 상상하며….

그러나 꿈은 얼마 지나지 않아서 산산조각이 나고 말았다. 딸은 그때그때 필요한 대화는 했지만, 사진을 함께 찍지도, 엄마와 손을 잡지도 않았다. 아니 허락하지 않았다는 말이 옳을 것이다. 그런 딸의 모습에 섭섭함이 올라왔지만, 평소에도 까다로운 구석이 있었던 터라 이해하고 넘어갔다. 셋째 날 자유일정이 주어지기 전까진 적어도 그랬다.

자유시간에 무엇을 할지 이야기를 하다가 문제가 불거졌다. 딸이 혼자서 시내에 나가겠다고 고집을 피운 것이다. 영어도 안 되는 곳에서 그것도 혼자서 버스를 타고 시내에 나가겠다는 딸을 도저히 이해할 수가 없었다. 다낭은 관광지이긴 하지만 시골이라 현지인들은 영어를 사용하지 않는 것 같았다. 생판 모르는 곳에서 더군다나 말도 통하지 않는 곳에서 혼자서 시내에 나가겠다는 딸을 설득하려고 애썼지만, 막무가내로 고집을 피우는 모습에 그만 크게 화를 내고 말았다.

딸이 방문을 쾅 닫고 나가버렸다. 나도 속상한 마음에 밖으로 나와 숙소 앞에 있는 바닷가로 향했다. 마침 그곳에 존경하는 멘토 코치님이 나와 계셨다. 속상한 마음을 이야기하자 공감과 위로의 코칭을 해주셨다. 코칭을 받고 한참 동안 바다의 일렁이는 파도를 바라보며 딸의 태도에 대해 서운한 마음과 화나는 감정을 다스리고 나니 슬슬 딸이 걱정되었다. 하지만 전화기도 없고 어디로 갔는지도 모르는 상황에서 걱정과 염려를 한가득 안고 터덜터덜 숙소로 들어갔다.

혼자 있는 것에 익숙해졌어

방문을 열고 들어가니 딸이 침대에서 이불을 뒤집어쓴 채로 잠들어 있었다. 순간 미안함과 안쓰러움 그리고 안도감이 찾아왔다. 침대 옆에 가만히 앉아 잠들어 있는 딸의 모습을 한참 동안 바라보다 딸의 마음에 머물렀다. 도대체 뭐가 그렇게 서운했길래 여행 와서까지 마음을 열지 않는 걸까? 마음이 굳게 닫혀 있는 아이와 대화를 시도하기는 쉽지 않았지만, 용기를 내서 미안하다고 말했다. 그리고 다낭에 와서 혼자 다니는 모습을 보니 섭섭하고 속상했다고 솔직하게 속마음을 터놓았다. 원망이나 비난 섞인 말이 아닌 온전히 딸의 마음에 집중하면서 부드럽고 온화하게….

"엄마는 내가 필요할 때 내 옆에 없었으면서 왜 인제 와서 나한테 잘해주는데…. 나는 이미 혼자 있는 것에 익숙해져서 지금은 혼자 있는 게 편해. 그러니까 친한 척 좀 안 해줬으면 좋겠어."

가슴이 무너져 내리는 것 같았다. '혼자 있는 게 익숙해졌다.'라는 말을 듣는 순간 그동안 어린아이를 혼자 두었다는 죄책감과 미안한 마음이 올라왔다. 딸이 왜 그렇게 행동했는지 짐작이 되었다. 먹고사느라 바빴다는 변명은 할 수가 없었다. 그저 딸의 힘들었던 마음과 외로웠던 시간을 충분히 들어주는 것밖에는 할 수 있는 것이 아무것도 없었다.

아이가 유치원에 다닐 때 끝나면 큰 오빠 집에 맡겨졌고 저녁 10시가 넘어서야 집으로 데리고 왔다. 유달리 말이 없는 외숙모와 함께 있는 시간이 아이에겐 낯설고 힘들었을 것이다. 초등학교에 입학한 뒤에는 3살 위인 오빠와 단둘이 집에서 늦은 밤까지 무서움과 외로움을 견디며 엄마가 돌아오기를 기다렸다.

"그랬구나…. 미안해, 딸. 엄마가 정말 미안해. 엄마가 함께 있어주지 못해서 정말 미안해. 얼마나 힘들었을까…."

딸과 함께 있어 주지 못했다는 생각에 미안하면서도, 지금껏 잘 자라준 딸이 고마웠다. 그동안 들어주지 못한 딸의 상처받은 마음을 듣고 또 들었다. 그렇게 밤이 깊었다. 다음 날 아침, 식사하러 가는 길…. 조심스럽게 엄마의 손을 잡은 딸의 시선은 엄마가 아닌 딴 곳을 향하고 있었다.

자녀의 마음을 열고 싶다면 진심으로 사과하자

부모교육을 하다 보면 아무런 이유도 없이 엄마를 멀리하는 자녀의 모습으로 인해 힘들어하는 이야기를 듣곤 한다. 자녀에게 다가가려 애쓰지만, 엄마를 밀어내는 것 같은 기분이 들어 쓸쓸하기도 하고 미워서 화가 나기도 한다는 말을 들을 때면 나의 경험을 들려주면서 자녀의 마음을 먼저 생각해 보라고 조언한다.

이런 경우, 진심으로 마음을 열고 다가가서 나 전달법으로 대화를 시도해보자. 나 전달법 대화는 네가 아닌 나로부터 시작하는 것으로, 상대방을 탓하는 것이 아니라 어떤 상황에서 자신이 느낀 감정을 이야기하고 사실을 이야기하면서 보고 듣고 느낀 점을 그대로 말하면 된다. 그리고 자녀와 마음을 열고 소통하고 싶다면 잘못한 부분에 대하여 인격 대 인격으로 잘못했다고 진심으로 사과하자. 나이가 어리고 철이 없더라도 엄마의 진심 어린 사과는 얼어붙은 마음을 녹일 수 있다.

힘들 땐
그냥 힘들다고 말해도 괜찮다

나는 왜 엄마한테 내가 사는 이야기를 하지 않을까?

"여보세요."

"엄마, 나야!"

"아이고 우리 막내딸이네. 애들이랑은 잘 있나?"

"응. 엄마 어디야?"

"밭에 가려고."

"그렇구나. 엄마 너무 무리하지 말고, 밥이랑 잘 챙겨 드셔. 알았지?"

"걱정하지 마. 엄마 잘 먹어."

"알았어. 끊을게 엄마."

사는 게 정말 힘이 들어 누군가에게 속마음을 털어놓고 싶었지만 정작 중요한 말은 하지 못한 채 끊었다. 엄마에게 속상함을 이야기하고 공감받고 싶었다. '엄마 힘들어'라는 말을 하고 싶어 전화했지만 결국, 힘들다는 말은 하지 못한 채 안부만 묻고 끊었다.

나에게는 언니 둘이 있다. 큰 언니는 나와 14살 차이가 나고 작은 언니와는 12살 차이다. 친정에 가면 엄마는 언니들의 삶에 관한 이야기를 시시콜콜 다 전한다. 잘 살면 잘 사는 대로, 못 살면 못 사는 대로…. 엄마의 이야기를 들을 때마다 '나는 왜 엄마한테 내가 사는 이야기를 하지 않을까?'라는 의문이 들었다.

어린 시절 바라본 엄마는 언제나 지쳐 있었다. 이른 아침에 밭에 나가면 캄캄한 밤이 되어야 돌아오셨다. 추운 겨울에도 손수레에 나무를 한 짐 가득 싣고 힘겹게 밀고 오셨다. 집에 돌아온 엄마는 쉴 틈도 없이 바로 부엌으로 가서서 커다란 솥에 물을 한가득 부어 불을 때고 저녁밥을 준비하셨다. 나무하러 가지 않으시는 날에는 인삼밭에 얹을 발을 엮었다. 밤에는 방에다 짚을 한가득 가져다 놓고 새끼를 꼬았다. 엄마는 그렇게 사셨다.

나는 엄마에게 착한 딸이어야만 했다

몇 살 때인지 기억이 나지 않지만, 어느 날 아침 부엌에서 박박 누룽지를 긁는 소리가 났다. 4살 터울인 막내 오빠와 나는 부엌으로 잽싸게 달려갔다. 누룽지를 집어 드는 순간, "어디 어린 것이 오빠보다 먼저 집어!"라는 소리와 함께 등짝 스매싱이 날아왔다. 그깟 누룽지가 뭐라고⋯. 지금도 그때를 생각하면 서러움이 몰려온다. 많이 속상했던 모양이다.

고등학교를 전주로 오기 전까지 엄마와 함께 살았지만, 이상하게도 엄마에 대한 애틋한 마음이 없다. 그렇다고 엄마와 사이가 안 좋은 것도 아니다. 다른 친구들은 주말마다 시골집으로 가는데 나는 한 달에 한 번 갈까 말까였다. 엄마가 보고 싶어 집에 자주 갈 만도 한데 그러지 않았다. 어린 시절 추운 겨울 학교에서 돌아오면 엄마는 내 손을 잡아서 엄마가 덮고 있던 이불속에 넣어주셨다. "아이고 손이 얼음장이네." 그 이상의 표현은 없었다. 내가 들은 엄마의 가장 따뜻한 말이었다.

"우리 미옥이처럼 착한 딸이 어딨어. 우리 미옥이는 한 번도 엄마 속을 썩인 적이 없었어."

엄마에게 이런 말을 들으면 기분이 좋아야 하는 데 불편한 마음이 올라온다. 남편이 가끔 하는 말이 있다. "당신은 착한 아이 증후군이 있는 거 같아." 코칭과 상담을 공부하면서 알게 된 사실이 있다. 나는 엄마에게 착한 딸이어야만 했다는 것을⋯. 내 눈에 비친 엄마는 늦은 밤까지 힘들게 일하고 제대로 쉬지도 못했다. 어린 마음에 이런 모습들이 안쓰럽게 여겨졌나 보다. 깔끔하고 강한 성격의 아버지와 함께

　　　　　　　　　　　　　여자의 감정청소

살면서 10원짜리 하나까지 남편한테 타서 쓰던 엄마는 나도 모르는 사이에 내가 보살펴야 하는 존재가 되어 있었다.

자식들이 집에 왔다 가는 날이면 엄마는 이것저것 싸느라 정신이 없다. 애써 농사지은 것을 자식들에게 나눠주기 위해서다. 그런 엄마를 볼 때마다 짜증이 났다. 그리고 나는 엄마가 농사지은 것들을 싸주면 "안 가져가!"라고 말하면서 그대로 두고 왔다. 엄마가 힘들게 농사지은 것을 가져오고 싶지 않았다. 내가 가져가면 엄마는 또 힘들게 일해야 하니까. 엄마가 싸주는 것을 가져가는 언니, 오빠의 모습을 보면서 '어이구 엄마가 얼마나 힘들게 농사지은 건데 그걸 가져가고 싶어?'라는 말이 목구멍까지 올라왔지만 애써 삼키고 있었다.

엄마, 나도 사실은 힘들었어

우리가 보고 듣고 느끼는 것들은 뇌에 있는 해마라는 기억장치에 잠시 머물다가 저장된다. 모든 것이 저장되는 것은 아니다. 강한 감정이나 좋지 않은 감정적 기억일수록 저장될 확률이 높다. 해마에 저장된 안 좋은 기억들은 예고 없이 우리 삶에 관여한다. 어린 시절 보았던 엄마의 힘든 표정, 한숨, 말투들 역시 나의 무의식에 저장되었을 것이다.

어쩌면 이런 기억들이 나를 착한 아이로 만들어낸 것은 아닐까? 착한 아이로 사는 삶은 내가 원하는 것이 아니다. 힘들어도 힘들다는 말을 못 하는 것은 착한 아이여서가 아니다. 어린 시절 보았던 힘든 엄마의 모습을 보면서 '나는 엄마 속을 썩이면 안 돼'라는 비합리적인 신념을 만들어낸 것이리라.

언젠가 기회가 된다면 엄마에게 그동안 못다한 말을 하고 싶다.

"엄마 나도 사실은 힘들었어"라고….

여자의 감정청소

마음을 다치지 않는 방법

가벼운 농담도 상처가 될 수 있다

출근하기 전 옷장 앞에서 한참 동안 무엇을 입으면 좋을지 고민했다. 중학교에서 남학생 상담이 있는 날이라 치마보다는 바지가 낫겠다는 생각이 들어서다. 날씨가 너무 더워 시원한 바지를 찾는데 영 보이질 않는다. 그러다 회색 바지가 눈에 들어왔다. 옷 찾느라 시간이 지체되어 출발할 시간이 다 되었는데 검은색 벨트가 보이지 않아 조바심이 났다. 마침 주황색 벨트가 눈에 띄어 아무 생각 없이 벨트를 했다. 그 모습을 본 딸이 한마디 한다.

"벨트가 그게 뭐야? 이상해."

"그래? 검은색 벨트를 찾다가 없어서 혹시 있니?"

"몰라 없어."

퉁명스러운 딸의 대답에 짜증이 나는 것을 꾹 참고 말했다.

"어떤 옷을 입으면 좋을까? 회색 바지에 어울릴 만한 것 좀 추천

225

해줄래?"

"그냥 아무거나 입어."

핸드폰을 보느라 답은 건성이다.

"지영이는 엄마만 싫어해."

웃으면서 장난삼아 던진 말이 화근이 되었다.

"엄마는 왜 그렇게 말해? 엄마는 무슨 일만 있으면 꼭 그렇게 말하더라. 정말 싫어! 짜증 나!"

"농담으로 한 말인데 왜 그렇게 화를 내?"

"그게 농담으로 할 소리야? 전에도 엄마랑 이런 거 때문에 싸웠는데 오늘 또 그러잖아."

"아니 별것도 아닌데 왜 그렇게 예민하게 받아들이고 그래?"

"됐어! 정말 짜증 나 죽겠어."

"뭐라고? 짜증 나 죽겠다고!"

인상을 쓰고 큰 소리로 말하는 딸의 모습에 버럭 화를 내고 말았다.

가족 간에 이런 일들이 자주 발생한다. 비단 가족만이 아니라 인간관계에서도 마찬가지다. 누구나 한 번쯤은 상대가 아무 생각 없이 한 말이 순간적으로 신경을 건드려 자신도 모르게 '욱' 하기도 한다.

지나고 보면 그냥 넘겨도 될 만한 일인데 자신의 의지와 상관없이 과하게 반응하는 이유가 뭘까? 좋지 않았거나 불편함을 느꼈던 경험이 상처로 남아있기 때문이다. 가볍게 한 말인데 상대방이 과한 반응을 보이면 당황스럽기도 하고 어이가 없기도 하고 화가 나기도 한다.

여자의 감정청소

아이가 어렸을 때 장난삼아 "지영이는 엄마만 싫어해"라는 말을 자주 했는데 딸에게 상처가 되었던 모양이다. 과거의 상처가 되살아나자 "엄마는 왜 그렇게 말해!"라고 하면서 짜증을 낸 것이다.

멈추고 생각하고 선택하라

차드 맹탄은 《너의 내면을 검색하라》에서 이러한 상황에서 자신의 몸, 감정, 생각을 눈여겨보라고 했다. 그러면 신체 감각을 쉽게 느낄 수 있고, 상대방의 목소리 톤이나 표정, 말투에서 말하는 사람의 감정을 읽고 적절하게 반응할 수 있게 된다.

예를 들어보자. 더운 여름날 마트에서 시원한 콜라 캔을 하나 샀다. 그런데 손에서 미끄러져서 콜라가 바닥에 떨어지고 말았다. 이때, 콜라를 집어서 바로 뚜껑을 따면 어떤 일이 벌어질까? 뚜껑을 따는 순간 안에 있던 탄산 거품이 터지면서 옷과 주변에 온통 콜라가 튈 것이다. 마치 샴페인을 마구 흔들고 나서 뚜껑을 열었을 때처럼 말이다.

흘러넘치는 거품을 가라앉히려면 거품이 가라앉을 때까지 시간이 필요하다. 그래야 맛있는 콜라를 먹을 수 있다. 감정도 이와 같다. 화가 나는 감정을 그대로 분출하게 되면 자신뿐만 아니라 주변 사람에게 좋지 않은 영향을 끼치게 된다. 감정 촉발 인자가 발생할 때 바로 반응하는 것은 옥수수가 톡톡 터지고 있는 팝콘 냄비 뚜껑을 여는 것과 같다. 이런 상황에서 서로가 다치지 않게 하는 방법이 자기 조절 기술이다. 이 기술을 잘 활용하면 적어도 감정 폭발은 일어나지 않는다.

자기 조절 기술은 'Stop-Think-Choose멈추고 생각하고 선택하라'다. 자기 조절 기술의 첫 번째는 '멈춤'이다. 감정이 폭발하려고 하는 순간에 빨간색 신호등이 켜졌다고 생각하고 멈추면 된다. 멈추는 방법은 손뼉을 한번 크게 치고 '휴~' 하고 숨을 크게 내뱉으면 된다. 간단한 동작이지만 짧은 시간에 자율신경계가 이완되어 감정이 폭발하는 것을 막아준다.

다음 단계는 '생각하기'다. 이 단계에서 중요한 것은 자신의 욕구에 집중하는 것이다. 특히 어떤 결과를 얻고 싶은지 떠올려 본다. 옳고 그름을 판단하지 말고 이 상황을 객관적으로 바라보려고 노력한다. 다른 사람과 관련되어 있다면 그 사람의 관점에서 생각해보자. 훨씬 빨리 안정을 찾을 수 있다. 나는 딸의 처지에서 상황을 다시 바라보았다. '왜 갑자기 화를 냈을까? 어릴 때도 내가 그런 말을 자주 해서 아이가 힘들었구나. 그런데 다시 그 말을 들으니 과거의 아픈 기억이 떠올랐구나. 이제는 그 말을 하지 말아야겠다.' 생각이 정리 되자 마음이 한결 편해졌다.

마지막으로 '선택하라'이다. 숨을 크게 내뱉을 때 흥분이 가라앉 게 되면서 이성적인 사고를 할 수 있게 된다. 이때 자신이 원하는 결 과를 선택하면 된다.

가족에게 험한 말이 나올 때 자기 조절 기술을 사용해 보자. '어 디서 나한테 그런 말을 해! 버릇없이'라는 생각이 들었을 때 휴~ 하 고 멈춘다면 상대방의 마음을 상하게 하거나 닫히게 하는 일은 발생 하지 않는다.

엄마가 행복하면 아이도 행복하다

부모의 갈등이 아이에게 감정의 소용돌이를 만든다

초등학교 3학년인 신우는 학교에서 친구들과 자주 싸우고 걸핏하면 욕하고 친구들을 때린다. 담임선생님은 그런 신우에게 "너 분노 조절 장애지?"라는 말을 자주 했다. 신우와 처음 만난 날, 아이는 눈을 마주치지 못하고 고개를 숙인 채 다 물어뜯어서 없어진 손톱을 잘근잘근 씹고 있었다.

"신우야 안녕?"

"네, 안녕하세요."

"지금 기분이 어때?"

"그냥 그래요."

"그렇구나. 모르는 선생님 앞이라 긴장되고 떨릴 것 같은데 어때?"

신우가 고개를 숙인 채 머리를 가볍게 끄덕였다.

"맞아 그럴 수 있어. 나도 사실은 조금 긴장되고 떨려. 그리고 오늘 신우랑 어떤 이야기를 나눌지 고민이야."

내 말에 고개를 들고 잠깐 쳐다보더니 이내 고개를 숙이고 긴장한 듯 다시 손톱을 물어뜯었다.

신우의 마음을 열기 위해 할리갈리 게임을 했다. 어색함도 잠시 계속해서 이겨서인지 신우의 목소리가 밝아졌다.

"학교에서 친구들과 싸울 때 기분이 어때?"

"몰라요."

"그렇구나! 그럼 집에서는 어때?"

"몰라요. 그냥 그래요."

신우는 자신뿐만 아니라 친구들의 감정에 대해 공감하지 못했다. 교실에서 친구의 가방을 발로 차거나 걸핏하면 욕을 하고 친구들을 괴롭혔다. 하지 말라고 하면 오히려 더 화를 냈다. 친구들은 신우와 노는 것을 꺼렸고 그러면 그럴수록 문제행동은 더 심해졌다.

신우의 엄마를 만나고 나서 아이의 행동이 이해가 되었다. 남편과 사이가 좋지 않아 싸우는 일이 많았고, 엄마는 홧김에 술을 먹고 신우에게 소리를 지르는 일이 많았다. 신우는 그럴 때마다 방으로 들어가서 방문을 걸어 잠그고 귀를 막았다. 큰 소리가 나면 자신 때문에 싸우는 건 아닌지 불안하고 긴장했다. 그럴 때마다 신우는 손톱을 물어뜯었다.

부모의 역할을 제대로 하고 있는지 되돌아볼 필요가 있다

세계적인 부부치료 대가 존 가트맨 박사는 아이의 소변 검사로 부모의 이혼 확률을 예측할 수 있다고 하였다. 부모의 싸우는 모습을 보는 것만으로도 스트레스 호르몬이 분출되는데 이것이 소변으로 배출된다는 것이다. 부모님이 싸울 때마다 신우는 강한 스트레스 상황에 놓였고 공포와 두려움 속에서 벌벌 떨었다. "싸우지 마세요."라고 말도 해봤지만 "들어가 있어!"라며 오히려 혼나기 일쑤였다. 엄마 아빠가 이혼할지도 모른다는 생각에 하루하루 두려운 마음을 안고 살았다.

신우는 부모님에 대한 신뢰가 없었다. 싸우는 모습을 볼 때마다 엄마 아빠가 헤어질 수도 있겠다 싶었고, 보육원에 보내질지도 모른다고 생각했다. 버려짐에 대한 두려움 속에서 긴장하고 불안한 상태로 지내는 날이 늘어나다 보니 자기 맘대로 되지 않거나, 자기 말을 들어주지 않으면 그동안 참았던 감정들이 문제행동으로 나타나고 있었다.

이 글을 쓰고 있는 나는 엄마다. 신우를 생각하니 '내 아이는 나를 신뢰하고 있나?'라는 생각이 들었다. 나는 그동안 어떤 엄마였을까? 생각만 해도 좋은 엄마? 아니면 다가가는 것이 부담스러운 무섭고 쌀쌀한 엄마? 부모를 신뢰한다는 말은 어떤 행동을 하든지 내 편이 되어 주고 어떠한 상황에 있든지 내 곁에 있어 줄 것이라는 믿음일 것이다. 만약 이 질문에 확신이 서지 않는다면 부모 역할을 잘하고 있는지 돌아볼 필요가 있다.

그랬구나 정말 힘들었겠다

감정코칭을 하면서 알게 된 사실이 있다. 학교생활과 또래 관계에서 밝고 긍정적인 생활을 하는 아이들은 '부모님의 관계가 대체로 좋다'. 행복한 엄마 아빠의 모습을 보고 자란 아이는 자신의 감정을 적극적으로 표현한다. 그것이 긍정 감정이든 부정 감정이든…. 그렇지만 자주 싸우는 부모 밑에서 자란 아이들의 공통점은 자신의 감정을 올바르게 표현하지 못한다. 예민한 상태에 놓여 있어서 자신을 자극하는 상황에 놓이게 되면 신우처럼 감정을 잘못된 방법으로 표현하게 된다. 신우 부모님을 만나 대화를 나누었다.

"두 분 서로 마주 보시고, 눈을 2분간 마주쳐보세요."라는 요청에 십 초를 넘기지 못하고 쑥스럽다는 이유로 남편은 다른 곳으로 시선을 돌렸다. "부부 사이에 신뢰가 쌓여 있지 않으면 2분도 눈을 마주치지 못한다는 연구 결과가 있습니다. 그리고 눈 맞춤을 하는 것만으로도 페닐에틸아민이라는 사랑 호르몬이 분출되어 관계가 돈독해진다고 하네요"라는 말을 들려주자 남편과 아내는 관계가 원만하지 못해 시선을 회피했음을 인정했다.

"두 분의 관계 회복을 도와 드리기 위해서 잠시 대화를 해볼 거예요. 한 분씩 제가 하는 말을 그대로 따라 해주세요. 내가 가장 힘들었던 것은⋯. 이 말을 하고, 상대방은 그대로 들어주세요." 아내가 먼저 대화를 시작했다.

"내가 가장 힘들었던 것은 신우를 임신했을 때 열 달 동안 당신을 만나지 못한 거야. 전화해도 받지 않고 연락이 없어서 불안하고 초조했어. 그리고 내가 가장 힘들었던 것은 밖에서는 친구들을 불러다 맛있는 음식을 만들어 대접하면서 집에서는 아무것도 하지 않는 당신의 모습이었어. 섭섭한 마음이 들었어."

아내가 이야기하는 동안 남편은 고개를 숙인 채 그저 듣기만 했고, 변명이나 비난의 말은 하지 않았다. "그랬구나, 정말 힘들었겠다."라고 말해주세요. "그랬구나! 당신이 정말 힘들었겠네." 남편이 수용하는 말로 공감하자 아내 눈에서 폭포수 같은 눈물이 흘러내렸다.

남편이 이야기를 시작했다.
"내가 가장 힘들었던 것은 부부 싸움을 했을 때, 당신 친구들이 그 사실을 알고 있었다는 거야. 그때 내 기분은 마치 벌거벗겨진 것처럼 창피했고 수치감을 느꼈어. 그때부터 당신을 믿을 수 있을까 하는 당신에 대한 신뢰가 떨어졌고 하고 싶은 말이 있어도 할 수가 없었어.

여자의 감정청소

그래서 밖에서 친구들한테 스트레스를 풀었던 거야."

그는 십 분간 자신의 고충과 감정을 털어놓았다. 아내는 조용히 들으며 고개를 끄덕였다.

"그랬구나. 정말 힘들었겠다."

남편은 눈시울이 붉어진 채 아내의 말을 듣기만 했다. 두 사람은 말없이 서로의 눈을 지그시 바라볼 뿐이었다.

3개월간 상담이 진행되면서 부부관계가 조금씩 회복되자 아이는 점점 밝아지기 시작했다. 마지막 회기에 가족이 모여 '꿈 찾기'를 했다. 큰 도화지에 자신이 원하는 미래의 모습을 각자 그려보게 했다. 놀랍게도 세 사람 모두 마당이 있는 집을 그렸고 세 사람이 원하는 모습이 모두 같았다. 시골 전원주택에서 오순도순 사는 행복한 모습을 꿈꾸었다.

지금 이 글을 읽는 독자 가운데 아이의 문제행동으로 힘들어하는 분이 있다면, 부부관계, 가족관계를 먼저 들여다보면 좋겠다. 최근 상대방을 눈을 지그시 바라본 적이 있는지. 부부간에 대화를 자주 나누는지. 서로의 힘듦에 대해 이해하고 공감하는지. 아이 앞에서 둘의 좋지 않은 모습을 보이진 않는지. 상대방을 무시하는 말이나 행동을 하진 않는지. 부부의 관계가 자녀에게 어떤 영향을 미치는지 고민해 볼 필요가 있다. 부모가 서로 아끼고 존중할 때, 아이는 밝고 긍정적인 아이로 성장한다. 부모가 행복해야 아이도 행복하다.

의도를 바르게 세우자

복수를 위해 돈을 벌려고 하다

돈을 벌어야 한다는 생각에 10여 년의 시간을 정신없이 달려온 사람이 있다. 그녀는 결혼 후 남편의 일을 돕느라 24시간 남편과 함께 지냈다. 아침 일찍 남편을 출근시키고 아이들을 유치원에 보내고 잽싸게 집안 정리를 하고 남편과 함께 일하는 곳으로 간다. 오늘도 고된 일과가 시작되었다. 정희 씨의 남편은 자그마한 사업체를 운영한다. 그녀는 그곳에서 고객을 관리하고 남편을 도와 잡다한 일을 하며, 한숨을 꾸역꾸역 삼킨다.

결혼 전 정희 씨는 미술학원에서 교사로 근무했다. 미술학원 선생님인 정희 씨는 아이들을 워낙 좋아했다. 싹싹하고 적극적인 성격으로 엄마들과도 잘 지냈고 아이들에게도 인기가 많았다. 결혼 후 남편의 요청에 따라 미술학원을 그만두고 사업을 돕다 보니 스트레스가 많이 쌓였다. 자신이 좋아하는 일도 아닌 데다가 자존심 강한 사람이 남편 밑에서 일하면서 생활비조차 타서 쓰다 보니 무엇 하나 자기 마음대로 할 수 있는 것이 하나도 없었다.

심리적으로 너무 힘들었던 정희 씨는 남편에게 일을 그만두고 미술학원에 다시 나가겠다고 말했다. 남편은 자신이 버는 돈의 50%만 벌어올 수 있으면 그렇게 하라고 했다. 그러나 미술학원 교사의 월급은 남편이 버는 돈 근처에 갈 수조차 없는 금액이었다. 자존심이 상했지만 아무런 대꾸도 하지 못했다. 이후 그녀는 돈에 대한 심리적 압박감에 짓눌리기 시작하면서 고통을 돈과 자신의 존재를 결부시켰고, 돈을 못 버는 자신을 무가치한 사람이라고 생각했다.

"정희 씨 돈 벌어서 제일 먼저 뭐 하실 거예요?"
"남편 앞에 집어던질 거예요."
"남편 앞에 집어던진다고요?"
"네. '당신이 원하는 돈 여기 있어!' 하면서 확 집어던질 거예요."
"… 그럼 기분이 어떨 거 같으세요?"
"… 글쎄요…. 생각보다 기분이 좋진 않네요."
"이상하네요. 남편 앞에 돈을 던지면 그동안 쌓인 감정이 풀릴 거 같은데…. 왜죠?"
"… 그러게요….".

"정희 씨가 돈을 벌고 싶었던 이유는 정말 뭘까요?"

"복수하기 위해서요."

순간 정희 씨는 깜짝 놀라며 자기 입을 막았다.

"뭐죠? 무엇 때문에 입을 막으신 거예요?"

"… 제 입에서 복수하기 위해서라는 말이 나와서 깜짝 놀랐어요."

"왜요?"

"저는 돈을 벌기 위해 정말 많이 노력했어요. 그런데 생각만큼 돈이 안 벌리더라고요. '복수하기 위해서라는 말을 하는 순간 뭐가 잘못되었구나'라는 생각이 들었어요."

"뭐가 잘못 되었을까요?"

"제가 돈을 복수의 도구로 사용하려고 하고 있었네요. 증오심에 돈을 벌려고 했어요."

"그러네요, 돈을 벌고자 하는 의도가 잘못되어 있었네요."

"맞아요, 그래서 돈이 저한테 안 들어왔나 봐요."

돈을 따라가지 말고 돈이 따라오게 해라

남편에게서 독립한 정희 씨는 하는 일과 노력에 비해서 많은 돈을 벌지 못했다. 그럴수록 자신이 무능력한 사람이라는 생각을 떨쳐낼 수가 없었다. 괴로워하는 정희 씨를 보고 남편이 "돈은 내가 잘 벌고 있으니 당신은 편하게 하고 싶은 일 해"라고 말했지만, 정희 씨는 마음속으로 '웃기지 마! 나 돈 벌어서 당신 앞에 당당해질 거야'라는 비합리적인 생각으로 자신을 괴롭히고 있었다.

정희씨는 돈을 벌고 싶어서가 아니라 남편에게 당당해지고 싶었다. 그리고 돈을 벌어서 형편이 어려워 상담받기 힘든 분들을 돕고 싶었다. 하지만 죽을 힘을 다해서 열심히 일했지만, 돈은 그녀에게 오지 않았다. 이유는 간단했다. '상담이 절실한데 돈 때문에 상담받으러 오지 않으면 어떡하지?' 하는 마음에 고객이 말하기도 전에 미리 상담료를 깎아주었기 때문이다.

한번은 가정폭력으로 힘들어하는 분이 왔는데 가정 형편이 넉넉하지 않은 상황에서 어린아이가 둘이나 있어서 상담받는 것을 망설였다. 무료로 해주고 싶다는 생각이 간절했지만, 부담감을 느낄까 봐 상담료가 만 원이라고 했다. 고객은 아이 둘을 데리고 왔고 그런 모습이 안쓰러워서 아이들에게 자장면을 시켜주고 상담이 끝난 뒤 아이들이 있으니 택시 타고 가라며 5천 원을 쥐어 주었다. 그러다 보니 들어오는 돈보다 나가는 돈이 많았고, 에너지는 점점 바닥이 드러나고 있었다. 상담 고객은 많았지만, 밑 빠진 독에 물 붓기를 하는 듯했다. 돈을 벌지 못한다는 생각에 자신이 초라하게 느껴지면서 남편 앞에서 점점 주눅이 들어갔다.

"돈을 따라가지 말고, 돈이 나를 따라오게 해야 해요. 그러려면 돈에 대한 의도를 올바르게 세우는 것이 중요합니다. 돈을 벌고 싶은 마음을 긍정적으로 바꿔보세요."

몇 달 뒤 다시 만난 정희 씨는 몰라보게 달라져 있었고 당당하고 자신감이 넘치고 있었다. 이유를 물었다. 멘토 코치가 해준 말을 듣고 돈에 대한 의도를 다시 세웠다고 한다.

"돈을 벌어서 남편에게 떳떳해지고 싶다는 생각을 버리고, 돈이 없어서 상담을 받지 못하는 분들을 도와야겠다고 의도를 바꾸자, 신기하게도 생각지도 않은 곳에서 돈이 들어오기 시작했어요. 제가 진행하는 코치 양성과정에 수강자들이 늘어나는가 하면, 오래전 상담을 받았던 고객이 제 금액을 내고 상담받을 고객을 소개해 주더라고요 하하하…."

나는 평소에 어떤 의도를 세우고 살아가고 있는가? 자녀를 대할 때, 자신을 대할 때, 혹은 원하는 일을 하고자 할 때. 긍정적인 의도를 세워보자. 불안하거나 불편함이 아닌 신나고 행복한 기분을 느낄 수 있을 것이다. 정희 씨처럼.

이름을 인정하자
비로소 회복된 자존감

이름 때문에 못마땅한 순간들

'한미옥' 내 이름이다. 철이 들 무렵부터 세상에서 가장 촌스러운 이름이라고 생각했고 나이를 먹어서도 변하지 않았다. '이쁜 이름도 많은데 하필 미옥이가 뭐야! 창피하게'라며 불퉁거렸다. 몇 년 전의 일이다. 게슈탈트 상담을 공부하는 선생님들과 점심을 먹으러 교육장 근처 음식점을 찾아다녔다.

"선생님. 여기 식당이 선생님 이름이랑 같아요, 하하하."

"어머 정말~ '한미옥 식당' 하하 우리 여기 가볼까요?"

순간 얼굴이 발갛게 달아오르고 창피해서 쥐구멍이라도 있으면 들어가고 싶었다. 불편한 마음을 억누르고 억지웃음을 지으며 식당 안으로 들어갔지만, 고개를 숙이고 핸드폰만 바라봤다.

따르릉~

"미옥아, 너 언제 부산에다 식당을 개업했니?"

"무슨 소리야?"

"여기 식당 이름이 '한미옥'인데? 하하하."

내 이름으로 된 식당을 발견하고 반가운 마음에 전화를 건 친구가 반갑기는커녕 못마땅했다. 그렇게 내 이름은 식당 이름이 되어 전국 곳곳에 돌아다녔다.

이름을 인정하자 편안함이 찾아왔다

초등학교에 다닐 때 이름이 예쁘면 얼굴도 예쁘다고 생각한 적이 있다. 예쁜 이름을 가졌던 친구들을 부러워하면서 만들어낸 비합리적인 신념이다. 수진이, 애리, 석란… 친구들은 하나같이 얼굴도 예쁘고 공부도 잘했고 심지어 집도 부자였다. 어른이 되어서 개명하고 싶다는 생각을 많이 했다. 시간이 날 때마다 인터넷에 예쁜 한글 이름을 검색했다.

강의를 시작하면서 이름에 대한 불만은 커져만 갔다. 그런데 내 소개를 하면서 예쁜 이름을 갖고 싶다는 말을 할 때마다 "강사님 이름 예뻐요. 미옥이라는 이름이 흔하지 않고 좋기만 한데…"라는 소리를 들었다. 하지만 마음속에서는 '웃기네. 그냥 듣기 좋으라고 하는 소리야. 이쁘긴 뭐가 이뻐? 촌스럽기 짝이 없는데' 하며 부인했다.

심리 치유 프로그램에 참여했을 때의 일이다. 그곳에서 많은 선생님의 힘들게 살아온 이야기를 들으면서 고작 이름이 촌스럽다는 이유로 부모님을 원망하고 자신을 거부하는 나를 발견했다. 과정에 참여하면서 나를 있는 그대로 인정하고 받아들일 수 있었다. 심리 치유에 참여한 선생님들은 어린 시절부터 성장 과정, 결혼하고 나서 겪었던 아프고 힘든 상처들을 어렵게 입 밖으로 꺼냈다.

한 선생님은 어릴 때부터 미움받은 이야기를 털어놓았다. 딸이라는 이유로 엄마가 갓난아기인 자신을 윗목에 밀어 넣고 젖을 주지 않았단다. 다른 분은 친정에 발길을 끊었다고 했다. 가난한 형편에 대학을 포기하고 어쩔 수 없이 취업해 동생들 학비를 댔지만 당연시하는 부모님이 원망스러웠단다. 그런데 나는 고작 촌스러운 이름 때문에 부끄러워하며 낮은 자존감으로 살았던 시간을 되돌아보면서 내 상처는 아무것도 아니라는 생각을 하게 되었다.

심리치료에 참여하면서 많은 선생님이 자신의 존재를 만나고 정체성을 새롭게 정립하는 모습을 지켜보았다. 원치 않는 경험으로 인해 아프고 힘들고 못난 사람이 아니라 그런 일을 겪었지만 잘 자라준 자신을 온전히 수용하고 인정하고 용서하는 시간 속에서 선생님들은 자신의 이름을 불렀다. '영숙아, 그동안 힘들었지? 정은아 너의 마음을 몰라줘서 미안해. 미란아, 그동안 함부로 대한 거 미안해. 용서해줘⋯.' 저마다 아프고 힘들어서 함부로 대했던 모습을 떠올리며 이름을 부드럽고 따뜻하게 불러주었다. 나 역시 "미옥아, 미안해. 나는 미옥이라는 이름이 싫었어. 이제는 내 이름 '한미옥'을 온전히 받아들일게."라고 부드럽게 말했다. 그동안 거부했던 이름을 인정하고 진심으로 나에게 용서를 구하자 이유를 알 수 없는 편안함이 찾아왔다.

당당하게 내 이름을 걸다

이름에는 고유함이 있다. 가치와 존재가 묻어 있다. 이름을 인정하고 받아들이자 그동안 느껴보지 못한 평안함이 찾아왔다. 그리고 예쁜 내가 보이기 시작했다. 거울을 볼 때마다 '이름이 촌스러우니까 얼굴도 그 모양이지'라며 외모를 비하하고 깎아내렸던 나에게 마음을 담아 진심으로 사과했다.

〈한미옥 코칭연구소〉

촌스럽다고 생각하고 멀리했던 이름을 받아들인 지금 블로그에 〈한미옥 코칭연구소〉 당당하게 이름을 걸었다. 결혼하고 임신했을 때 아이 이름을 짓기 위해 몇 날을 기도하고 고민했는지 모른다. 이름이 불리는 순간 존재가 되기 때문이다. 세상에서 가장 멋지고 예쁜 이름을 아이에게 선물해주고 싶었다. 나의 부모님도 그랬을 것이다. 막내딸의 이름을 짓기 위해 많은 시간을 고민하셨을 텐데. 이름이 촌스럽다며 개명하겠다고 했을 때 아무런 말씀도 하지 않았던 부모님은 어떤 마음이셨을까? 애써 지어준 이름이 마음에 안 든다며 불만을 토로하는 막내딸을 보며 얼마나 안쓰럽고 미안해하셨을까? 죄송한 마음을 이제라도 고백해본다.

"엄마 아버지 죄송합니다. 좋은 이름 주셔서 감사합니다. 그리고 사랑합니다."

당신한테 할 말이 있어

남편에게 코칭을 배우길 권하다

코칭에는 '모든 사람은 온전하고Holistic, 해답이 내면에 있으며 Resourceful, 창의적이다Creative'라는 3가지 철학이 있다. 다시 말하면 '인간은 누구나 자기만의 탁월함(강점)을 가지고 있으며 문제 상황에 놓였을 때 창의성을 발휘하여 스스로 해결할 힘을 가지고 있다'이다. 나는 코칭 철학을 정말 좋아한다. 하지만 초보 코치 시절에는 그것의 가치를 제대로 이해하지 못한 채 코칭을 통해 주변 사람을 바꿀 수 있다고 생각했다. 특히 남편…. 코칭을 배울수록 나는 문제가 없고 다른 사람이 문제라는 생각이 앞섰고 그들을 고쳐주고 싶은 생각으로 가득 찼다.

"여보 내가 요즘 코칭을 배우고 있는데 너무 좋아. 자기도 같이 배우면 좋겠어."

"바빠, 좋으면 당신이나 배워. 나는 아무 문제가 없어."

여자의 감정청소

"누가 당신이 문제라고 했어? 정말 좋아서 그래. 같이 배우자 응?"

"됐으니까 당신이나 배워."

강한 어조로 나는 아무런 문제가 없으니까 너나 배우라고 말하는 남편의 모습을 보면서 마음속에서는 '웃기고 있네, 아무 문제가 없기는 당신이 얼마나 문제가 많은 사람인지 알아? 자기밖에 모르면서'라고 반박하고 있었다. 남편은 자기에게 맡겨진 일에 최선을 다하고 가족을 위해 열심히 노력하는 사람이다. 하지만 당시 나에게 비친 남편의 모습은 자기만 아는 개인주의자일 뿐이었다. 남편을 개인주의자라고 생각했던 이유는 자기 할 일은 완벽하게 해내지만, 아내의 마음을 알아주는 부분이 약했기 때문이다.

다른 사람을 바꿀 수 없다면 나를 바꿔보자

어느 날 '코칭이 좋은데 왜 남편은 전혀 동의하지 않을까?'라는 의구심이 들었다. 그러다 문득 어쩌면 내가 문제일지도 모르겠다는 생각이 들었다. 친정 식구들도 "안 서방 같은 사람이 어딨니? 착하지, 예의 바르지. 가족을 위해 열심히 일하지"라며 칭찬을 아끼지 않는데 왜 나만 유독 남편이 문제라고 생각하는 이유가 뭘까?

곰곰이 생각해보니 공감 능력이 문제였다. 남편은 이성적이고 합리적인 사람이라 어떤 상황이든 사실에 근거해 말했다. 힘들다는 말을 하면 '힘들구나, 뭐가 힘들어?'라고 마음을 알아주기보다 '이건 이렇고 저건 저렇다. 그건 힘든 게 아니다'라는 식으로 공감보다는 내가 하는 말을 자기 방식대로 분석하면서 설명하려 들었다. 그런 일이 반복되다 보니 남편에게 마음속에 있는 말을 아꼈고 힘들다 말하고 싶어도 속으로 삭이는 일이 많았다.

'남편이 문제라는 생각에서 벗어나 어떻게 하면 온전한 나로 살 수 있을까?'에 대하여 고민하기 시작했다. 나를 관찰하기로 했다. 아이들을 대할 때 평소엔 따뜻하고 자상한 엄마지만 내 마음대로 되지 않으면 상대를 비난하고 평가하는 나를 발견했다. 직선적인 말투와 자신이 한 말을 지키지 않는 모습을 보면 거침없이 지적하기도 했다. 하나둘 내가 보지 못했던 부분들을 발견하기 시작하면서 남편이 했던 말이 떠올랐다. '좋으면 당신이나 배워. 사람 귀찮게 하지 말고….'

생각을 바꾸기 시작했다. '다른 사람은 바꿀 수 없지만 나를 바꿔보자' 겉과 속이 같은 사람이 되자고 말은 하면서도 정작 나 자신은 감정을 조절하지 못하고 기분 나쁘면 있는 그대로 쏟아내는 나를 발

여자의 감정청소

견했다. 그리고 그런 말들이 상대에게 상처가 될 수도 있다는 사실을 알기까지 꽤 오랜 시간이 걸렸다. 그리고 방법을 하나씩 찾고 실천하려고 노력했다. 마음에 들지 않는 행동을 하는 아이들을 보면서 바로 말하지 않고 불편한 감정을 가라앉힌 다음에 부드럽게 말했다. 더디지만 조금씩 말투와 행동에 변화가 생기기 시작했을 무렵 남편이 말했다.

"당신이 읽는 책 중에 내가 읽을 만한 거 있으면 하나 줘봐."

내가 무슨 책을 읽는지 전혀 관심도 없던 남편이었다. 평소 책을 좋아하는 남편을 회유하기 위해 코칭 관련 책을 자주 권했지만, 번번이 거절당했던 터라 남편의 요청에 기쁘기도 했지만 어떤 책을 주어야 할지 긴장되었다. 책장 앞에 서서 꽂혀있는 책들을 하나씩 훑어 내려갔다. 최성애 박사님이 쓴 《행복 수업》이 눈에 들어왔다. "이거 읽어볼래?" 남편은 무심하게 "그러지 뭐" 하며 책을 받아 들더니 "시간 날 때 읽어볼게"라고 했다. 일주일 정도 지나서 남편이 나를 불렀다.
"나 당신한테 할 말이 있어."
"뭔데?"
"내가 이 책을 읽다 보니까 당신한테 사과할 게 있더라고."
"갑자기? 무슨?"
"… 내가 그동안 당신을 존중하지 않았던 거 같아. 내 사람이니까

편하게만 생각하고 말을 함부로 했던 거 같아. 진심으로 사과할게. 미안해."

남편의 갑작스러운 고백에 가슴이 벅차올랐다. 그동안 그렇게 내 말 좀 들어주라고 내 마음 좀 알아달라고 숱하게 말했던 순간들, 무시당했던 순간들에서 느꼈던 서운함과 속상함이 썰물처럼 쑤~욱 달아나 버렸다. 남편에게 고마운 마음이 몰려왔다. 남편이 문제라고 생각하고 바꾸려 했던 행동이 어리석었다는 것을 깨닫는 순간이었다.

삶은 사랑이다 Prem Jivana

2023년 11월 2일 새벽 4시 눈을 떴다. '가슴으로 하는 카운슬링' 과정에 참여한다는 기대감과 설렘으로 잠을 자는 둥 마는 둥 밤을 하얗게 지새웠다. 2023년은 지금까지 나의 삶에 있어서 가장 힘든 시간이었지만 가장 행복한 시간으로 기억될 것이다. 2020년 박사학위를 받고 잠시도 쉬지 않고 달려왔다. 하루도 쉬지 않고 매일 출근하고 밤 11시까지 사무실에 앉아서 미래를 위한 무언가를 열심히 준비했다.

나는 힘들고 어려운 사람을 돕는 것을 좋아한다. 하지만 때로는 선한 마음으로 도왔던 사람으로 인해 상처를 받을 때도 있다. 상처는 의외로 간단하게 치료되는데 감사하다는 말을 들을 때이다. 2022년 한 사람에게 도와달라는 부탁을 받았다. 코치 자격증을 따고 싶은데 돈이 없다며 전문 코치 양성과정을 열어달라고 했다. 그분의 요청에 응했고 그를 위해 과정을 열었다. 교육비를 아주 저렴하게 받았고 그가 전문 코치 자격증을 따도록 도왔다.

그는 실기 시험을 앞두고 코칭이 매끄럽게 진행이 안 되어 불안한 마음에 나를 찾아왔다. 나는 그가 코칭하는 장면을 보고 시험에 합격할 수 있도록 피드백을 해주었다. 다행히 합격했지만, 문제는 거기에서 불거졌다. 대개 이런 경우 도와준 분에게 찾아가 감사하다고 인사를 하기 마련이다. 하지만 정말 속상하게도 그분은 나에게 아무런 감사 인사도 하지 않았다. 사람은 서운한 마음이 있으면 말이 곱게 나가지 않기 마련이다. 그분을 향해 직접 언급은 하지 않았지만, 서운한 마음을 누군가에게 말을 했던 모양이다. 이것이 화근이 되어 큰 오해가 생겼고 급기야 서로에게 안 좋은 감정을 가지게 되었고 관계가 불편해졌다.

살다 보면 일어날 수도 있는 흔히 일어나는 일이지만, 나에게는 아주 큰 아픔으로 다가왔고 나 자신을 괴롭게 했고 큰 상처가 되었다. 그동안 쉬지 않고 달려온 터라 지칠 대로 지친 상황에서 그분과의 불편한 관계는 급기야 번아웃으로 찾아왔다. 이 일은 나를 깊은

여자의 감정청소

수렁으로 내몰았고 결국 무기력증에 빠지고 말았다. 힘든 나날을 보내고 있을 때 의사이자 영적 스승인 라하샤 선생님이 한국에 오셨고 가슴으로 하는 카운슬링을 진행한다는 사실에 한 치의 망설임도 없이 바로 신청했다.

가슴으로 하는 카운슬링 과정에 참여하면서 나와 깊이 만나는 시간을 가졌다. 내면으로 깊이 들어가면 갈수록 존재의 빛을 발견할 수 있었고 그 과정에서 나를 깊은 수렁으로 빠지게 했던 관계 상처가 치유되는 경험을 했다. 그리고 'Prem Jivana(삶은 사랑이다)'라는 새로운 이름을 받았다. 라하샤 선생님은 내가 어떤 삶을 살아왔는지 내가 어떤 사람인지 아무것도 몰랐다. 3박 4일 동안 그곳에 참여한 선생님들과 에너지 주파수를 맞추면서 가슴으로 소통했고 눈빛과 마음으로 대화를 나누는 시간을 보냈다. 선생님께 새로운 이름을 받고 싶은 사람은 신청하라는 안내에 신청했다. 그리고 과정 마지막 날 모두가 모인 자리에서 새로운 이름을 받았다.

"선생님 그동안의 삶이 고통이었다면 앞으로 선생님의 삶은 사랑입니다. Prem은 사랑이라는 뜻이며 김, 이, 박씨와 같은 성입니다. Jivana는 삶이라는 뜻으로 이름입니다. 이제 선생님의 삶은 사랑입니다"라며 라하샤 선생님은 나에게 새로운 삶을 선물로 주셨다. 그 순간 가슴 벅참과 뭐라 말할 수 없는 기쁨에 선생님과 손을 잡고 덩실덩실 춤을 추었다. 그리고 그때부터 지금까지 나의 삶은 사랑이 되었다.

우리는 다 힘든 시간을 견디며 살아간다. 하루하루가 행복하고 즐거운 사람은 없다. 다만 힘든 시간을 어떤 시선으로 바라보는지가 중요할 뿐이다. 나는 그동안 자그마한 사건이나 충격을 크게 받아들였고 그 안에서 고통이라는 단어를 떠올리며 살았다. 코칭을 만나고 코치가 되어 많은 사람을 도왔지만 때로는 원치 않는 상처로 인해 나 스스로 생채기 냈던 적도 많다. 감정을 알아차리고 욕구를 들여다보는 과정에서 회복속도가 남들보다 조금 빨랐지만, 회복된 시간을 지속하기란 참 어려웠다. 'Prem. Jivana'라는 이름을 받고 나의 삶은 사랑이 되었다. 그동안 세상과 나를 바라보는 시각이 고통에서 사랑으로 바뀌었기 때문이다. 누가 억지로 바꾸라고 한 것이 아니다. 내가 스스로 선택했다.

　우리는 매 순간 선택의 갈림길에 선다. 갈까 말까, 할까 말까, 먹을까 말까…. 수많은 선택은 대체로 행동에 관한 것들이다. 행동에 관한 선택은 어떤 결과를 만들어낼 수는 있지만, 나 자신이 누군가에 대한 해답은 주지 않는다. 이 책을 처음부터 읽은 독자라면 내가 무슨 말을 하고자 하는지 이해할 수 있으리라 기대한다. 자신을 힘들게 하는 감정 앞에 서보자. 그리고 그런 감정을 느끼는 나는 어떤 사람인지 자신의 존재를 떠올려보자. 나에게 해가 되는 말, 나를 불행으로 이끄는 말과 행동 앞에서 어떤 선택을 할지 잠시 머물러보자.

　지금 느껴지는 감정은 무엇인가?
　내가 원하는 삶을 살기 위해

멈추어야 할 생각과 행동은 무엇인가?

내가 진정으로 원하는 것은 무엇인가?

행복하고 나다운 삶을 살기 위해 어떤 선택을 하기로 했는가?

이런 선택을 한 나는 어떤 존재라고 생각하는가?

지금 느껴지는 감정은 무엇인가?

여자의 감정청소